墨香财经学术文库

"十二五"辽宁省重点图书出版规划项目

Research on the Interactive

Communication Patterns,
Channels and Influencing Factors of the
Enterprise Micro-blog Information

企业微博信息互动传播模式、途径与影响因素研究

郭晓姝 ◎ 著

东北财经大学出版社 大连
Dongbei University of Finance & Economics Press

ⓒ 郭晓姝 2015

图书在版编目（CIP）数据

企业微博信息互动传播模式、途径与影响因素研究 / 郭晓姝著．—大连：东北
财经大学出版社，2015.6
（墨香财经学术文库）
ISBN 978－7－5654－1949－2

Ⅰ.企… Ⅱ.郭… Ⅲ.企业管理—互联网络—传播学—研究 Ⅳ.F272.9

中国版本图书馆CIP数据核字（2015）第120894号

东北财经大学出版社出版发行

大连市黑石礁尖山街217号　邮政编码　116025

教学支持：（0411）84710309

营 销 部：（0411）84710711

总 编 室：（0411）84710523

网　　 址：http：//www．dufep．cn

读者信箱：dufep @ dufe.edu.cn

大连图腾彩色印刷有限公司印刷

幅面尺寸：170mm×240mm　字数：151千字　印张：10 1/2　插页：1
2015年6月第1版　2015年6月第1次印刷
责任编辑：高　铭　刘慧美　责任校对：贺　欣
封面设计：冀贵收　　　　　　版式设计：钟福建
定价：35.00元

本专著获国家自然科学基金青年项目《社会化媒体示能性对多维度隐私行为影响机理研究》（编号：2013043）和大连市社科联(社科院)项目《社交媒体环境下涉腐舆情传播途径与应对研究》（编号：2013dlskybjw04）资助。

作者简介

　　郭晓姝，女，毕业于东北财经大学，2003 年留校任教至今，2013 年获得管理学博士学位。近年来一直致力于管理信息系统、虚拟社区等方向的研究，在《情报杂志》、《现代管理科学》、《管理现代化》、《中国管理信息化》、《东北财经大学学报》等期刊发表多篇论文，曾获得辽宁省自然科学学术成果奖三等奖和东北财经大学优秀论文三等奖；编著了《网络信息检索与利用》、《大学计算机基础》、《大学计算机应用基础——Office 2010 高级应用》等多本教材；是国家自然科学基金项目、辽宁省教育厅项目、辽宁省社科联基金项目的主要参加人，主持了大连市社科联项目和东北财经大学教改项目等。

前言

　　随着网络的发展、自媒体时代的来临，微博成为我国网民日益青睐的社交平台。到 2012 年 7 月，国内微博用户数达到 2.74 亿，占所有网民数量的 51%。微博平台使用方便，便于浏览搜索信息，并通过转发、评论传递和共享信息。微博强大的互动功能使企业微博用户能够看到其他用户的转发评论，一键转发功能使信息的传播快捷迅速，并借助粉丝多级传播扩大了信息传播的范围，这对于微博营销者来说价值非常大。企业通过微博发布营销信息，不仅能降低营销成本，更能加强信息传播的深度和广度。众多企业看到了微博有利于企业信息发布与传播的特点，纷纷开通企业微博，但是其传播效果并不理想。微博信息的传播以及企业微博的营销问题已经引起了学者们的广泛关注。目前，国内外学者对微博的营销价值、微博信息传播的影响因素等问题进行了深入的研究，但是对企业微博信息传播影响因素的研究很少，没有给予足够的关注。企业微博的发展仍存在很多问题，如粉丝数量和信息传播效果还很难与某些名人、媒体等微博相提并论。企业微博信息传播主体和过程及传播过程中主体的作用是什么？在企业微博信息传播的社会网络中，信息传播的途径是什么？影响企业微博信息传播的因素有哪些？企业应在哪些方面加强以促进信息传播，达到充分利用微博的目的？对这些问题的研究和理解，有利于企业在微博营销中让有利于企业的信息更快、更广地传播或在危机公关中抓住企业信息传播中关键的一环抑制传播，为企业微博的发展提供重要的实践意义和参考价值。

本书利用文献研究、实证研究、社会网络分析、数理统计分析等多种方法，以企业微博为研究对象，通过案例的形式研究了企业微博信息互动传播模式和传播途径，建立企业微博信息传播影响因素模型，以JAVA 程序挖掘企业微博数据，通过计数模型进行估计、验证影响因素模型。

首先，本书在文献研究的基础上，结合企业微博信息传播实际特征提出了企业微博互动传播模式，分析了微博互动模式，在已有信息传播模式和微博信息传播模式基础上，结合企业微博特点，提出了企业微博信息互动传播模式，并具体分析传播模式中的各主体和各环节特点，总结了企业微博信息传播模式的表现及价值。然后，本书以苏宁易购集团微博为例，运用社会网络方法分析了企业微博信息传播网络中成员之间的关系，讨论了网络密度、成分、点度中心性和中间中心性，指出了企业微博信息传播的途径以及影响信息传播的部分因素。接下来，本书从探讨影响企业微博信息传播的影响因素出发，结合 HSM 理论框架建立企业微博信息传播影响因素模型，提出研究假设，通过从 23 家企业微博连续 30 天抓取的微博信息整理得到数据，利用 EVIEWS 6.0 软件运用计数模型估计检验，对假设进行验证，指出了显著影响企业微博信息互动传播的具体因素。最后一章总结了全书的结论、创新点及局限性，并对未来企业微博的研究内容进行展望。

本书的主要结论：

1. 提出了企业微博信息互动传播模式，得出每一级传播都是裂变式的结论。将微博信息传播主体分为信息发布者和守门人两种角色，讨论在信息传播过程中体现的说服效应，强调了微博信息传播模式中意见领袖用户的作用，并在企业信息互动传播模式中强调了企业微博与集团微博用户之间的关系。以苏宁易购集团微博用户间的关注关系为分析对象，发现企业集团微博在信息传播过程中，高管微博的地位和权力最大，最后总结出企业微博信息互动传播模式的表现和企业微博信息互动传播的价值。

2.运用社会网络方法对企业微博信息传播的转发用户关注的网络进行分析，得到企业微博信息传播的途径。发现该转发用户关注的网络是一个松散的网络，指出信息传播并不是在一个强关系的小网络中，企业信息获得关注并转发是在一个发散的网络中。成分分析指出了用户获取企业信息的途径：直接关注、非直接关注，且非直接关注是获取企业微博信息的主要途径，同时说明了影响信息传播的两个因素——话题和源吸引力，并且发现信息源以及和信息源相关的集团微博用户的点度中心性和中间中心性都比较高。另外，发现企业微博信息传播中由信息源到转发者的传播层次最多为3层，因此企业可以通过关注3层用户发展潜在客户。

3.分析并实证了影响企业微博信息传播的因素为源吸引力、信息数量、积极（正向）情感、激励和评论数量。结合HSM说服理论框架建立企业微博信息传播影响因素模型，实证发现无论是启发式还是系统式线索都影响消息的转发。启发式线索中的源吸引力正向影响信息转发，信息的数量中，信息中含话题标签正向影响信息转发，激励则通过明确地提出转发要求并予以一定可能性的奖励促进某一消息的转发。另外，信息的积极（正向）情感对信息转发的影响是显著的，正向信息有利于信息的转发，微博评论在很大程度上起到了补充信息的作用，用户通过阅读评论产生再次评论并转发的意愿。

本书可能的创新点：

1.提出了企业微博信息互动传播模式，将"守门人"的概念引入该模式，强调了集团微博形成的社会关系对企业微博信息传播的影响，并发现高管微博在企业集团微博中具有较大权力。

2.从企业微博信息传播用户之间的关系角度研究企业微博信息传播途径，揭示了非直接关注形式是获取企业微博信息并传播的主要途径，并发现了由信息源到转发者的传播层次最多为3层。

3.构建了企业微博信息传播影响因素模型，并通过实证研究的验证揭示了影响企业微博信息传播的关键因素是源吸引力、含话题标签、激励、积极（正向）情感以及评论数量。

限于时间和精力，本书很可能存在错漏及不足，恳请读者批评
指正。

作　者

2015 年 4 月

目录

第1章 引言

1.1 研究的背景、目的及意义

1.1.1 研究的背景及目的

随着网络与信息技术的进步，虚拟社区以多种模式发展，作为一种新型沟通媒介成为新时期计算机环境下企业与潜在消费者沟通与连接的主要渠道。虚拟社区从20世纪80年代诞生的新闻公告板（BBS）到90年代中期开始出现的聊天室、邮件组、论坛等，上述这些社区形式都是基于Web 1.0技术，在内容创造上侧重于编辑对频道内容的整合。到了21世纪初出现的博客日志、即时通讯工具、社会交友网络（SNS）社区等则把虚拟社区的发展推向了一个新的发展阶段，即Web 2.0时代。2006年，以Twitter为首的微博服务兴起，"微博"即微型博客，是Web 3.0新兴起的一类开放互联网社交服务（李开复，2011），主要特点是每条信息字数限制在140个以内，更加方便快捷。国内的"微博"网站包括：新浪微博、腾讯微博、搜狐微博、网易微博等。不像传统的媒体，微博的特征属性是社交和新闻媒体（Kwak，Lee和Park，

2010），其灵活且广泛的架构降低了参与门槛。因此，微博是现在广泛采用的公众发布/分享私人信息和不同的主题信息的渠道，如股票市场、总统选举、电影评论、紧急事件等。

中国互联网络信息中心（CNNIC）发布的《第30次中国互联网络发展状况统计报告》显示，2011年是微博用户爆发年，我国微博用户数量从0.63亿增至1.95亿，半年增幅高达209.52%，到2012年1月增长28.21%，到2012年7月增长9.6%，虽然增长趋势减缓，但增长率高于网民增长率和手机网民增长率。2011年1月，微博在网民中的普及率从13.8%增至40.2%，截至2012年7月，微博在网民中的普及率已经达到50%以上。并且随着手机网民的增多，手机微博网民在手机网民中的使用比率从2011年初的15.5%上升到34%，至2012年6月底，手机微博网民达到1.7亿，占国内微博总网民数的62%，占手机网民的44%。手机微博应用提升了微博平台的便利性，更多的手机微博网民涌现，使得微博成为更加流行的社交手段，同时微博信息的传播手段也更灵活。

作为一种新兴服务，微博已经迅速发展，微博信息发布便捷、实时传递，越来越多的用户利用这一服务在不同的对象之间发布和共享信息（Java，Song和Finin等，2007）。企业也看到了微博具有用户多、信息量大、信息获取自主性强、准入门槛低等特点（刘丽清，2009），纷纷入驻开通企业微博，在这一平台上寻找营销机遇，利用微博平台发展企业品牌。企业用户经营企业微博的目的分别是品牌建设、媒体公关、客户关系管理、销售、招聘和其他。据《2012企业微博白皮书》记载，截至2012年2月底，共有130 565家企业开通新浪微博，其中，餐饮美食类企业独占鳌头，以近5万个企业微博账号排名第1，汽车交通（以汽车经销商为主）（7 546个）、商务服务（7 212个）、电子商务（6 594个）、IT企业（6 047个）跻身前5。

每当一种新网络媒体出现，如官方网站、博客到如今的微博，企业都纷纷加入以期寻找和抓住营销机遇。企业官方网站发展于2000年（谢志斌，2012），以发布企业信息和广告为主，缺乏与客户的互动（孙铭训，2009），发展至今已经有 13 年，没有大的突破；2005 年，博客迅速发展，企业纷纷开通博客，利用新的平台进行企业品牌宣传与营销，然而企业博客缺乏长期规划、经验不足、管理落后等原因，使企业博客营销处于停滞状态（朱传洁，2011）。如今，微博迅速发展壮大，众多企业看到了微博有利于企业信息发布与传播的特点，为了抓住契机，纷纷开通企业微博，开拓新的营销渠道，寻找潜在的商业机遇。企业微博的发展还存在很多问题，如粉丝数量和信息传播效果很难和某些名人、媒体等微博相提并论。微博是社会化媒体之一，社会化媒体营销是一种全新的营销方式，国内企业的社会化媒体营销仍处于初期发展阶段，从探索、进一步发展到成熟，存在着许多弊端和问题，微博的信息传播以及企业微博的营销问题已经引起了学者们的广泛关注。目前，国内外学者对微博的营销价值，微博信息传播的影响因素等进行了深入的研究，对企业微博的研究多数为微博营销的定性研究，有关企业微博信息传播影响因素的定量研究很少，没有得到足够的关注。企业微博信息传播主体和过程及传播过程中的主体作用是什么，影响企业微博信息传播的因素有哪些，企业为达到充分利用微博的目的应从哪些方面加强以促进信息传播，企业微博信息在社会网络中传播的途径是什么——对于这些与企业微博信息传播相关问题的研究和理解，会为企业微博的发展提供重要的实践意义和参考价值。

微博最大的特征属性是基于社交网络的自媒体平台，其利用社交网络使信息呈几何级数裂变式传播（潘洁，2011；乔金星，2010；张忞娴，2011）。企业应明确微博的信息传播模式，针对传播模式中的各环节做出相应措施，充分利用微博的特点；明确用户获取企业信息的途径，更有利地传播企业信息；明确影响企业微博信息传播的因素，并合理利用，扩大企业知名度与吸引力，积极营销。因此，本书选取新浪微博这一社会化媒体，深入分析企业微博信息传播模式和途径，以及影响企业微博信息传播的因素，为企业在社会化媒体上进行营销传播提供实战策略，同时也为国内企业的微博信息传播理论做出一点探索性研究。

1.1.2 研究的意义

（1）理论意义

微博已经成为众多用户选择的沟通渠道，众多学者在社会学、心理学、传播学、市场营销、企业管理等理论基础上研究微博。企业看到了微博的传播优势，纷纷加入微博，将这一平台作为企业宣传和品牌推广的窗口（曹明香，2011），微博成为极具潜力的网络营销工具。企业通过粉丝（跟随者）层级转发形式扩大信息覆盖面，显著降低企业产品推广信息和促销信息传播的成本（凌守兴，2011；乔金星，2010；辛庆香，2011；尹贞喜，2011；张晞，2010）。企业微博营销中关键的一环是让有利于企业的信息更快更广地传播或在危机公关中抓住企业信息传播中关键的一环抑制传播。目前很多学者研究了危机事件中微博信息传播方式及危机事件或政治事件中影响微博信息传播的因素（Starbird 和 Palen，2010；Suh，Hong 和 Pirolli 等，2010；Hansen，Arvidsson 和 Nielsen 等，2011；Stieglitz 和 Dangxuan，2011；Liuzhiming，Liulu 和 Lihong，2012），但对企业微博信息传播方面的研究还有所欠缺。本书拟从企业微博信息传播模式、传播途径以及信息传播影响因素三方面研究：首先，通过企业微博信息互动传播模式的提出，明确企业微博信息传播中的主体与作用、信息传播中的关键环节；然后，从社会网络角度研究企业微博信息传播途径，明确企业微博信息获得与传播的主要途径；最后，从信息源和信息两方面的说服效用中提取影响企业微博信息传播的因素构建模型并验证，补充了企业微博信息传播的理论研究，以期对企业微博的应用与发展提供一定的理论指导与参考价值。

（2）实践意义

本书除了丰富了理论研究文献外，还对企业微博的发展和应用具有一定的实践意义。具体表现在：帮助企业认识到如何有效地利用微博平台的特点，通过发展企业微博集团，培养意见领袖，增强企业吸引力，扩大企业信息传播范围；利用适当话题、提到（@用户昵称）、适当的激励、吸引评论等手段，促进企业微博的信息传播，更好地发挥企业微博的作用；同时也对企业信息发布内容形式有一定的指导意义，增加企业微博信息量，充分利用话题标签、激励转发信息、积极情感、直接@用户、吸引用户评论等因素促进企业微博信息的传播，达到营销信息低成本推广等目的。

1.2 研究的内容与研究方法

1.2.1 研究的主要内容

本研究以新浪企业微博为研究对象，研究了企业微博信息互动传播模式，以案例的形式研究并实证了企业微博信息互动传播模式中的集团微博关注网络和转发用户关注网络特征，分析了企业微博信息互动传播的影响因素，建立企业微博信息互动传播影响因素模型并进行实证分析。本研究的研究内容如下：

（1）通过研究与国内外微博信息传播相关的文献，为理论框架的构建和概念模型的提出奠定了坚实的基础。本书首先从企业微博的概念出发，回顾了企业微博的发展以及企业微博的作用与价值，提出了企业微博信息传播在营销过程中的重要性，并通过可视化聚类分析的方法对现有微博研究主题进行分析，归纳梳理了和微博信息传播扩散相关的研究主题，从而从整体上对微博信息传播研究现状和趋势进行了了解和把握。在此基础上，对微博信息传播模式与途径研究、微博信息传播影响因素研究和社会网络理论在微博信息传播中的应用研究进行了述评，为本书中企业微博信息互动传播模式、途径及影响因素模型构建与验证提供了理论支持。

（2）在文献研究的基础上，首先从互动概念入手分析了微博互动模式，在已有信息传播模式和微博信息传播模式基础上，结合企业微博特点提出了企业微博信息互动传播模式，并具体分析传播模式中的各主体和各环节特点，然后以苏宁易购集团微博为例，通过社会网络分析研究了集团微博成员间的关系，最后总结了企业微博信息互动传播模式的表现及价值。

（3）运用社会网络方法对企业微博信息传播的网络进行分析，分析对象有传播网络中成员之间的关注关系和网络的密度、成分、点度中心性和中间中心性，指出了企业微博信息互动传播的途径以及影响信息传播的部分因素。

（4）提出企业微博信息互动传播影响因素模型并进行实证研究。从探讨影响企业微博信息互动传播的影响因素出发，结合 HSM 理论框架建立企业微博信息互动传播影响因素模型，提出研究假设；整理分析从23 家企业微博连续 30 天抓取的微博信息数据，并利用 EVIEWS 6.0 软件估计检验计数模型，对假设进行验证，指出了显著影响企业微博信息互动传播的具体因素。

（5）最后总结了全文的结论、创新点及局限性，并对未来企业微博的研究内容进行展望。

1.2.2 研究方法

（1）文献研究法

本书利用学校图书馆数字资源，查阅国内外有关虚拟社区、微博、社会网络分析以及说服应对理论的著作和论文，明确"微博"的定义和特点、企业微博的发展和作用，以及社会网络理论内涵和在微博信息传播中的应用。利用 Citespace II 软件对所有与微博相关的文献进行主题分析，总结了各主题分布情况，了解了目前主要研究的主题及主题之间的关系。在此基础上对已有的相关研究现状进行阐述，为本书提供研究的基本框架。经过对照比较，分析文献之间的区别及联系，梳理出影响信息传播的因素，分析主要理论产生和运用的实际背景，探讨不同理论之间的因果关系并进行逻辑链接，为研究假设的提出奠定扎实的理论基础。

（2）实证方法

实证研究方法可以概括为通过对研究对象大量的观察、实验和调查，获取客观材料，从个别到一般，归纳出事物的本质属性和发展规律的一种研究方法。本书通过整理分析软件从网络上抓取的二手数据，并结合社会网络分析、内容分析、数理统计分析进行实证研究。

①社会网络分析

本书在第 3 章中通过搜集苏宁易购集团微博的所有用户，整理出用户之间的关注关系，通过社会网络中心性分析，分析用户在发布信息和传播信息中的权力地位。第 4 章中搜集了某一条企业微博信息的所有转发用户资料，整理出用户之间的关注关系矩阵，采用社会网络分析方法对搜集到的样本进行分析。利用社会网络分析软件 UCNET 6.0 对统计数据就密度、中心性、成分等量度进行分析与描述，结合案例分析方法，分析总结了企业微博信息传播的途径及特征。

②内容分析

本书在第 5 章利用 ROSTCM 软件对每条微博的情感进行分析，获得情感指数，分析情感对信息转发的影响。同时对微博内容的特征进行统计分析，分析样本数据的各个方面特征。

③数理统计分析

本书在第 5 章通过描述统计分析出数据的特征及相互关系，并运用 EVIEWS 6.0 统计软件以计数模型进行样本估计分析，对假设进行检验。分析检验了企业微博信息互动传播影响因素模型中各因素的影响效果。

1.3 研究流程与结构安排

1.3.1 研究流程

本研究的流程首先是从研究背景出发，确认研究目的与意义，通过对现实问题的梳理提出本书要研究的问题，通过相关文献资料的搜集与梳理，界定本研究中所涉及的概念、要应用的理论及研究方法，构建本研究的理论模型和假设。在借鉴现有文献中的信息传播模式基础上，提出了企业微博信息互动传播模式，并以苏宁易购集团微博为例分析集团微博成员间关系。其次，通过对转发用户关注关系网络的分析，得出企业微博信息互动传播途径。再次，基于说服理论和文献研究，提出企业微博信息互动传播影响因素模型和假设，以 JAVA 程序抓取 23 家企业

30 天微博信息及相关内容整理分析，并以 EVIEWS 6.0 为工具，通过计数模型验证假设，得到影响企业微博信息传播的因素。最后总结相关研究结论，提出建议，并分析本书的研究局限和未来的研究方向。

本研究所采用的技术路线图如图 1-1 所示：

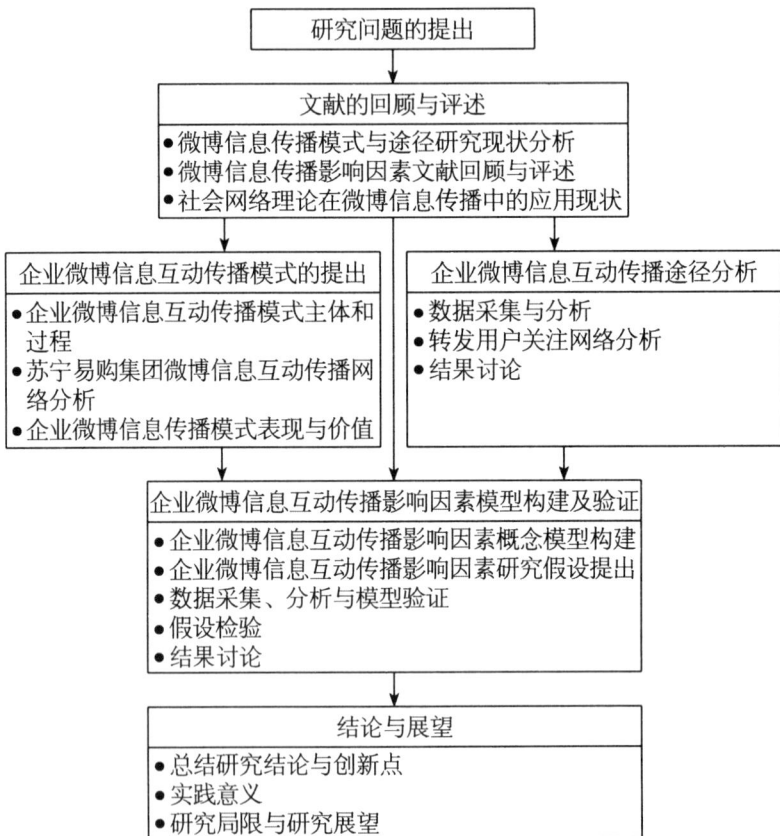

```
┌──────────────────────────────────────┐
│            研究问题的提出              │
└──────────────────────────────────────┘
┌──────────────────────────────────────┐
│            文献的回顾与评述            │
│ ●微博信息传播模式与途径研究现状分析    │
│ ●微博信息传播影响因素文献回顾与评述    │
│ ●社会网络理论在微博信息传播中的应用现状│
└──────────────────────────────────────┘
┌──────────────────────────┐ ┌──────────────────────────┐
│企业微博信息互动传播模式的提出│ │企业微博信息互动传播途径分析│
│ ●企业微博信息互动传播模式主体和│ │ ●数据采集与分析            │
│  过程                      │ │ ●转发用户关注网络分析      │
│ ●苏宁易购集团微博信息互动传播网│ │ ●结果讨论                  │
│  络分析                    │ │                            │
│ ●企业微博信息传播模式表现与价值│ │                            │
└──────────────────────────┘ └──────────────────────────┘
┌──────────────────────────────────────┐
│ 企业微博信息互动传播影响因素模型构建及验证│
│ ●企业微博信息互动传播影响因素概念模型构建│
│ ●企业微博信息互动传播影响因素研究假设提出│
│ ●数据采集、分析与模型验证              │
│ ●假设检验                              │
│ ●结果讨论                              │
└──────────────────────────────────────┘
┌──────────────────────────────────────┐
│               结论与展望               │
│ ●总结研究结论与创新点                  │
│ ●实践意义                              │
│ ●研究局限与研究展望                    │
└──────────────────────────────────────┘
```

图 1-1　技术路线图

1.3.2　结构安排

本研究的内容分为六章，各章的主要内容如下：

第 1 章，引言：通过描述研究的背景及目的，引出本研究的意义及研究方法，总结了研究的路线及主要内容。

第 2 章，文献综述：通过对国内外相关领域的文献研究，概括总结了企业微博概念及作用。对微博文献主题进行可视化分析，得到微博主题分布及微博信息传播分支信息，明确了微博信息传播研究的相关主题。通过具体文献研究，梳理了微博传播影响因素等方面的研究成果以及社会网络理论在微博信息传播中的应用，找到本书的研究视角及本书可依赖的理论基础。

第3章，企业微博信息互动传播模式研究：结合信息传播模式的一些研究成果，分析微博信息互动模式，提出企业微博信息互动传播模式，分析了企业微博信息互动传播主体及过程，以实例分析集团微博中成员的地位和作用，总结了企业微博信息传播的表现和价值。

第4章，基于社会网络的企业微博信息互动传播途径分析：分析了传播网络中成员之间的关注关系，分析讨论了网络密度、成分、点度中心性和中间中心性，指出了企业微博信息传播的途径以及影响企业微博信息互动传播的部分因素。

第5章，基于说服理论的企业微博信息互动传播影响因素研究：从探讨影响企业微博信息传播的影响因素出发，结合 HSM 理论框架建立企业微博信息传播影响因素模型，提出研究假设。通过整理从 23 家企业微博连续 30 天抓取的微博信息，并以 EVIEWS 6.0 软件为工具运用计数模型分析，对假设进行验证，提出研究的理论内涵和实践启示。

第6章，结论：总结了全文的结论、创新点及局限性，并对未来企业微博的研究内容进行展望。

第2章　文献综述

2.1　企业微博概述

2.1.1　微博概念

美国的 Twitter 是最早的也是最著名的微博，它的理念来源于 Evan Williams 分享 MSN 状态的想法。微博，即微型博客（Micro-blogging）的简称，是一个基于用户关系的信息分享、传播以及获取平台，用户可以通过 Web、WAP 以及各种客户端组建个人社区，以 140 字左右的文字、图片、视频、音频等更新信息，并实现即时分享（李开复，2011；孙卫华等，2008）。

微博具有用户多、信息量大、信息获取自主性强、准入门槛低等特点（刘丽清，2009）。微博可以嵌入在计算机、手机中，是比较灵活的平台，多种商业模式并存，用户可以随时随地地通过各种移动终端设备，如手机、计算机、平板电脑等登录微博，体验形式灵活。用户可以免费发布信息，信息的形式包括文字（140 个字以内）、图片、音频、视频等，内容短小精炼，同时蕴含的信息量较大，其信息发布速度超过传统纸媒及网络媒体。同时微博的一键转发行为，使得微博信息易于进一步传播。随着互联网用户爆炸式增长，企业越来越注重网络营销。尤其是微博用户的快速增长，已经使其成为了一个重要的自媒体平台。微博使得病毒式营销的可能性大大增强，"背对脸"的关注模式和微群的开放又使企业能够选择性地关注自己的目标群体（纪珊珊，2011）。企业可以在微博中与用户互动，利用这一渠道确定目标群体，与目标群体交流，并且可以利用微博信息传播速度快、范围广的特点传播企业品牌信息。

众多企业看到了微博的传播优势，纷纷开通微博，将这一平台作为企业宣传和品牌推广的窗口（曹明香，2011）。企业微博是以企业或其产品为名注册的微博（陈雅，2012），通过微博平台认证系统认证，旨在传播企业品牌和及时发布产品最新信息，增加与消费者进行直接沟通的机会，让信息传播更到位。企业微博成为极具潜力的网络营销工具。企业微博作为一个"大众传播平台"（陈雅，2012）充分利用微博传播速度快、传递面广的特点，发布并传播信息，吸引粉丝，扩大知名度。

企业利用微博平台发布信息，引起用户关注，渗透企业文化，并保持用户关注度。据《2012年新浪微博用户发展报告》统计，88%的微博用户认为企业微博对他们有帮助，且74%的人愿意分享企业信息，用户感知到的最大收益是帮助消费决策和得到奖品。已经开通新浪微博的企业主要分布在22个行业，除餐饮美食外，其他本地生活服务类行业的企业微博表现也不错，包括旅游酒店、娱乐休闲、商场购物、便民服务等。其中餐饮美食行业的企业微博数量最多，其次是汽车交通、商务服务、电子商务和IT企业（数量基本持平），而化妆/卫浴用品和美容保健企业最少，有待发展。

企业拥有企业官方微博的同时，其子品牌、地方分支机构、各组织部门、高管、职员等也开设单独的微博并认证，承担独立的职能，这样的企业微博策略即称为集团微博或家族微博（姚杭永，2012）。

2.1.2 微博信息传播方式

在微博中，大量的信息是通过社交网络结构共享的，但很少有人知道如何以及为什么某些信息传播地更广泛，在微博中一个有趣的紧急行为是转发的做法，即转播一条已经被另一个用户编写的信息。当用户发现一个另一个用户写的有趣的微博信息，并想要将它分享给自己的追随者，就可以通过在信息前面缀上转发或 RT 复制转发该微博消息，并通过@原始作者标明出处。也可以通过转发键一键转发，此时可以填写转发理由或者评论，作者原文以附件形式在转发理由下方。微博信息转发可以被理解为一种信息扩散的形式，由于最初的信息是被传播到一组新的观众面前，即转发信息用户的粉丝。这些转发行为与原始信息项特定值相关联（Boyd，Golder 和 Lotan，2010）。转发可以取悦特定的受众、评论别人的微博信息、公开同意某人，或保存信息以便未来访问。因此，转发成为微博中信息传播扩散的一个关键机制，是在微博沟通中出现的一个用户驱动的公约。它是在微博社交网络上传播和分享信息的一种主要方式。转发功能允许微博用户传递他们认为有趣的、重要的信息，是微博平台内一个非正式的推荐系统，缺乏正式的机制。这一发现支持这样的假设：人们通过转发传播他们感觉或知道新闻价值的信息（Starbird、Palen，2010）。在先前的研究中，Suh，Hong 和 Pirolli 等（2010）分析了 74 000 万条微博信息来确定与转发率显著相关的因素。然而，他们的研究数据是随机收集的，所以这个结论可能不适合紧急情况下的特殊科目。Liuzhinming，Liulu 等（2012）研究了紧急情况下微博信息传播的决定因素。在不同的背景下影响信息扩散的因素也不同，因此，集成领域知识转化为一个研究模型可以有助于进一步理解微博转发机制。

2.1.3 企业微博的作用与价值

企业微博有很大的作用和价值（徐健，汪旭辉和李馨，2012），从现有研究来看，主要体现在以下五点：

第一，精确定位目标客户。关注企业微博的用户可分为已有客户和潜在客户两类（朱升，2011）。企业可以根据不同标签划分用户，关注用户的个性化需求并采取适合其特点的营销方式（吴小璐，2010；张忞娴，2011），将营销信息直接传递给目标客户（朱升，2011），有利于促进潜在客户向真正客户的转化（曹明香，2011；张晞，2010）。

第二，增加企业信息收集渠道，降低营销成本。微博平台发布信息免费且快捷，企业利用微博这一特点发布各种推广信息，可以通过粉丝转发快速地扩大信息覆盖面，显著降低营销信息发布和传播的成本（凌守兴，2011；乔金星，2010；辛庆香，2011；尹贞喜，2011；张晞，2010）。同时企业微博可以作为用户交流平台，直接交流产品信息、使用情况、购买心得等话题，降低了企业维持顾客关系的成本（田玉山等，2011）。另外企业可以通过微博上的内容检索功能挖掘并整合大量碎片化信息，增加了企业信息收集渠道，降低了信息收集成本（张晞，2010）。在微博上发布企业网站链接还可以提高被搜索引擎收录的网页质量，加大网页搜索引擎的可见性，降低网站推广的费用（田玉山等，2011）。

第三，企业微博广告传播潜意识性。企业微博将企业品牌的重要价值和理念渗透在微博内容中，以潜意识的形式将营销信息传递给用户，避免了消费者对传统侵入式营销广告的反感（曹明香，2011）。

第四，企业微博与用户互动性强。企业发起话题，用户就可以用转发、评论等互动方式与企业和其他用户展开互动，有利于处于不同地域的企业和用户之间进行实时沟通，跟踪监测他们对产品和服务的态度和评价，促进正向评论的积极作用，并及时对负向评论产生的不利影响进行公关（夏黎，2010；辛庆香，2011）。良好的互动过程让用户与企业形成较强的关系，有利于提高客户的满意度和忠诚度（尹贞喜，2011；郑亚琴，2011）。

第五，信息传播高效。微博可以通过手机、平板电脑等多种渠道进行访问，通过这些便捷渠道，用户可以发布不超过140字的内容，这些短小精炼的内容还可以通过粉丝之间的互相转发形成类似病毒式营销的模式，从而有利于企业高效地发布营销信息和进行品牌推广活动（潘洁，2011；乔金星，2010；张忞娴，2011）。

虽然学者们认为微博平台具有巨大的营销价值，但在实践中，企业的微博营销却遇到了诸多困难，微博的营销潜力还远没有得到充分的发挥。原因主要在于：其一，企业微博营销仍以传统广告模式为导向，向用户发布企业品牌广告宣传信息（郑亚琴等，2011），使消费者反感这种填鸭式的宣传，从而导致企业微博的关注度不高；其二，微博集聚粉丝的结构和裂变式的传播模式加剧了微博营销效果的不稳定性。企业微博能够在短时间内聚集大量粉丝，发布的信息通过粉丝传播极大地扩大了信息影响力，若企业微博的信息稍有不妥，产生的负面影响也会带来难以预计的后果（侯金亮，2010；郑亚琴等，2011）。因此，如何充分利用微博信息传播范围广泛的特点使产品信息或者企业品牌信息尽可能快速且广泛地传播到世界的各个角落，影响企业信息快速而广泛传播的因素是什么，也是营销者关注的问题。

2.2 微博信息传播研究相关主题分析

2.2.1 微博研究主题聚类分析

在 Cheong 和 Ray（2011）的早期文献回顾中发现，关注 Twitter 的开创性学术论文最早出现于 2008 —2009 年间，随后相关研究文献如雨后春笋般涌现，随着越来越多的与微博相关的研究工作开始展开，微博领域的研究和应用也在扩大。除了"社会媒体和网络、人类学、人机交互、数据挖掘、知识发现、可视化"等早期研究领域，恐怖主义信息学、用户建模和个性化、网络安全、垃圾邮件检测和信息流等新的研究领域也已经成为 Twitter 和微博研究的主要焦点。

笔者利用 Citespace Ⅱ 软件，对微博相关文献进行聚类分析。首先，利用"Web of science"检索系统以"twitter"、"microblogging"或"micro-blogging"为主题词检索了 SSCI 数据库中所有年份的所有数据，共得到 810 篇文献，将文献以 Citespace Ⅱ 需要的文本格式保存起来，运用 Citespace Ⅱ 进行分析。

初次运行 Citespace Ⅱ，笔者发现文献开始于 2006 年，因此在时间上设置为 2006—2012 年共计 6 年，跨度为 1 年，形成 6 个时间段。然后设定文献被引频次、两篇文献的共引频次，文献的共引系数（c，cc，ccv）的阈值分别为（2，3，15）、（4，3，20）和（5，3，20），选定最小生成树（minimum spanning tree）算法。然后可以根据分析内容的不同，选定相应的网络节点，如作者、主题词、国家、机构等。最后选定可视图显示形式（visualization）为静态聚类视图（cluster view-static）。

微博热点主题去掉重复的关键词，得到42个关键词，如表2-1所示。分析其主题，可以分为信息类：信息共享、信息扩散、信息传播、口碑传播等；方法类：内容分析、质量分析、案例研究、文本挖掘、数据挖掘、情感分析；研究方面：广告、社会媒体、在线社区、推特用户、短消息、推特信息；微博研究：行为、参与、信任、监督、广告。

表 2-1 微博热点主题聚类表

频次	中心性	关键词	频次	中心性	关键词
60	0.3	social networking	12	0.03	twitter messages
7	0.2	information diffusion	10	0.03	participation
187	0.17	twitter	6	0.03	management
11	0.13	model	6	0.03	information dissemination
10	0.13	short messages	5	0.03	status update
17	0.12	behavior	49	0.02	web 2.0
14	0.08	new media	6	0.02	following question
12	0.08	micro-blogging	35	0.01	communication
52	0.07	microblogging	14	0.01	social network analysis
11	0.07	social interaction	12	0.01	sentiment analysis
9	0.07	second life	10	0.01	new technology
26	0.05	content analysis	9	0.01	data mining
9	0.05	social network service	7	0.01	text mining
5	0.05	communities	7	0.01	professionalism
178	0.04	social media	7	0.01	information sharing
25	0.04	online social network	6	0.01	politics
8	0.04	qualitative analysis	5	0.01	traditional media
6	0.04	trust	9	0	word-of-mouth
4	0.04	advertising	8	0	case study
31	0.03	twitter user	6	0	channel

　　由于每篇文献可以有多个关键字，故关键字与文章之间存在一定的重叠，例如"twitter"和"social networking"，"microblogging"和"informatin sharing"等，因此统计的文献频次并不是论文数量的绝对数，而是该关键字主题出现的次数。并且，一些关键词之间还是同义词，如"twitter"、"microblogging"和"micro-blogging"，"social networking"和"online social network"，"short message"和"twitter message"等。

　　从关键词中心性的分布情况我们发现，"social networking"（社会网络）最高，频次也比较高，中心性代表了这一主题在该社会网络中所处的地位程度，表明这些和微博相关的文献对社会网络的研究很重视，社会网络分析在微博研究中是一个重要研究内容与方法。"information diffusion"（信息传播）的中心性排在第二位，虽然论文篇数不多，但是在所有文献中占有非常重要的地位。与"信息传播"近义的有"information sharing"、"information dissemination"。

2.2.2　微博信息传播主题层次分析

　　通过 Citespace Ⅱ 可视化图表，可以得到各主题关键字之间的关联，如图 2-1 所示。以与"信息传播"（information diffusion）主题关键字相关的主题关系图为例说明，即图中箭头所指主题，整理出与"信息传播"研究相关的主题，见图 2-2。

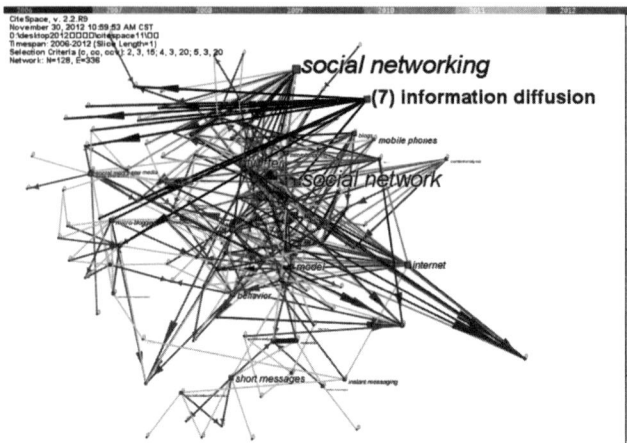

图 2-1　微博研究主题聚类可视化关系图

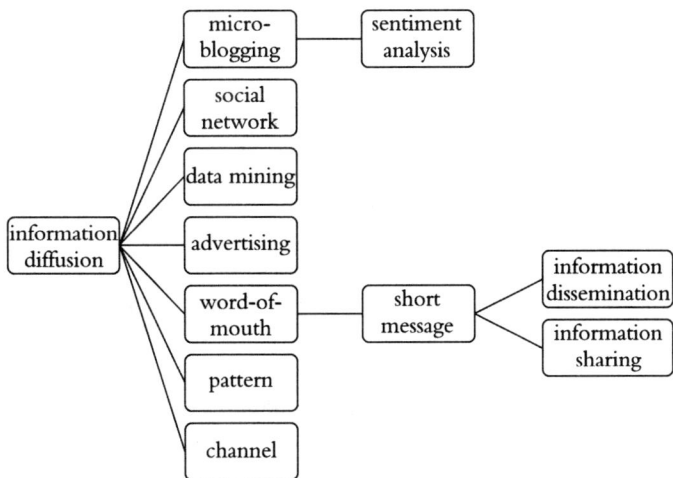

图2-2　信息传播相关主题层次图

由图2-2"信息传播相关主题层次图"可以看到，和"信息传播"（infromation diffusion）相关的第一个分支是"微博研究"，继续发掘相关主题，是"情感分析"（sentiment analysis）。

第二个分支是"社会网络"（social network），研究信息传播的一个主要的方面是信息传播的社会网络分析。微博是一个社交网络平台，信息如何在社会网络中扩散传播、分析信息在社会网络中传播的影响因素等都是目前人们致力研究的课题。

第三个分支则体现了信息扩散研究的一种常用的方法——"数据挖掘"（data mining）。随着云时代的来临，大数据（big data）成为越来越多研究人员的研究项目，如何处理大量的非结构化和半结构化的数据并从中获取有用的信息成为一个关注热点。微博的一个特点就是海量的用户，产生海量的数据，在复杂的社会网络中迅速传播信息，利用数据挖掘的方法以及分布式计算，研究微博的相关课题。

第四个和第五个分支分别是"广告"（advertising）和"口碑"（word-of-mouth），广告和口碑都可以通过微博以短消息的形式进行扩散传播、信息共享，促进微博进行网络营销，这方面的研究也在文献主题中体现出来，是目前研究的一个重点。

最后两个分支分别是"模式"（pattern）和"途径"（channel），信息传播模式和途径也是微博信息传播研究的两大相关主题。

信息扩散传播相关的主要主题在图 2-2 中以层次的形式列出，更多的相关主题也会在将来的研究中逐步发掘。通过对微博相关文献的可视化分析，得到了微博研究的主题分布情况，并通过信息传播相关主题分析，找到了与信息传播研究相关的热点研究主题。本书主要针对企业微博信息传播模式、途径及影响因素进行研究，采用数据挖掘及社会网络分析等方法，因此从微博信息传播模式与途径、微博信息传播影响因素、社会网络理论在微博信息传播中的应用三方面进行文献综述研究。

2.3　微博信息传播模式研究综述

2.3.1　信息传播基本模式

（1）线性模式

最早的传播模式是 1948 年申农（Shannon）在《通信的数学理论》与《在噪声中的通信》中首次提出的信息传输的一般通信模型，即信息传输是将消息由发信者通过一定渠道送给收信者的过程，这也是信息传播的线性模式之一，如图 2-3 所示。其后很多信息传播模式都在这一基础模式之上发展而来。

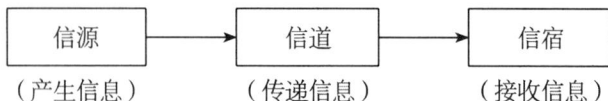

信源	→	信道	→	信宿
（产生信息）		（传递信息）		（接收信息）

图 2-3　信息传输一般通信模型

申农和韦弗（Weaver）在一般通信模型基础上加入噪声这一因素，提出了一个通信系统的模型，被称为信息论的基本模式。该模型强调了在信道传递的过程中的噪声干扰，令信宿在接收信息时受到信息损失，具体模式图见表 2-2。

表 2-2 　　　　　　　　　　　　　　**信息传播模式图汇总表**

信息传播模式	模式图	类别
申农-韦弗模式		线性模式
5W模式		线性模式
奥斯古德-施拉姆循环模式		控制论模式
施拉姆大众传播模式		控制论模式
赖利夫妇模式		系统论模式

续表

信息传播模式	模式图	类别
马莱茨克模式		系统论模式
两级传播模式		其他模式
议程设置模式		其他模式
怀特守门人模式		其他模式

资料来源　郭庆光.传播学教程[M].北京：中国人民大学出版社，1999.

　　美国学者 Lasswell 提出，由 Who（谁）、Says What（说了什么）、In Which Channel（通过什么渠道）、To Whom（向谁说）、With What Effect（产生什么效果）构成传播过程的五种基本要素，人们称之为

"五 W 模式"或"拉斯维尔程式"。"五 W 模式"不同于信息基本通信模式的信源—信道—信宿的模式，从目的性角度描述信息传播的行为过程，也是一种说服过程。

（2）控制论模式

为了改进直线传播模式，新的模式也称为双向循环模式在控制论基础上被提出。1954 年施拉姆在《传播是怎样运行的》一文中提出了奥斯古德-施拉姆循环模式，该模式将传播者和接收者都作为主体，并不加以区分，信息在主体间循环传播互动。该模式突破了直线传播模式，强调了传播的循环互动性及主体双方的相互作用和不同的角色功能，更适合人际传播，而不适合大众传播。而施拉姆大众传播模式是由媒介组织从各种信息来源获得信息，编辑后以复制的形式形成大量相同的信息传播给各种信息接受者，信息接受者再将反馈信息返回给传播者的模式。其中媒介组织包括报社、电视台、记者、编辑、主持人等媒介组织和组织化的个人。信息接受者则是可归属于不同群体的大众传播的受众，受众中有意见领袖，对信息传播中的受众产生很大的影响。

（3）系统论模式

美国社会学家赖利夫妇于 1959 年在《大众传播与社会系统》一文中最先提出了一个传播系统模式。该系统模式强调了从整体社会环境出发研究传播过程。系统模式将传播要素及相互关系、周边环境对传播的作用和影响都考虑其中。这一系统模式将社会学理论与大众传播的概念联系起来，认为大众传播是各种社会过程中的一个环节。

德国学者马莱茨克在《大众传播心理》中提出一个大众传播过程模式，传播过程由传播者、信息、媒介、接受者和反馈五大环节构成，并且分析了每一环节的影响和制约因素。马莱茨克模式图见表 2-2。由该图表可知，影响传播者的因素包括传播者的自我形象、个性结构、工作和社会环境、所处的组织、媒介内容公开性的压力等。而影响受众的因素包括：借受者的自我形象、个性结构、所处的群体和社会环境、信息内容的效果和影响、媒介的约束力等。影响和制约媒介与信息的因素包括：传播者对信息内容的选择以及加工和接受者对媒介内容的接触选择。该系统模式体现出传播过程中社会的制约性，也指出了其中的心理变量。

2.3.2 其他信息传播模式

在线性模式、控制论模式和系统模式之后，许多学者在此基础上又提出了新的传播模式，主要的其他传播模式有两级传播模式、议程设置模式、使用与满足模式、多级传播模式和怀特守门人模式，具体模式图详见表 2-2。

（1）两级传播模式

美国著名社会学家拉扎斯菲尔德提出了两级传播模式。他提出，信息从媒体传向"意见领袖"，然后再由意见领袖传到并不怎么活跃的受众。也就是说，信息的传递是按照"媒介—意见领袖—受众"这两级传播的模式进行的。两级传播模式提出了"意见领袖"这一概念。

（2）议程设置模式

美国传播学家麦库姆斯和唐纳德于 1972 年提出了议程设置理论，强调了大众传播媒介通过提供信息和安排相关议题来左右人们的关注，而不是决定人们对某一事件的具体看法，即大众传播媒介的主要作用是影响受众关注点，并不能影响人们的想法。议程设置用政治学观点指出了大众传播媒介影响社会的一种重要方式，传播媒介机构起到了环境再构成作用。

（3）使用与满足模式

使用与满足理论研究始于 1959 年，由卡茨在《大众传播调查和通俗文化研究》中首次提到。1974 年卡茨等在《个人对大众传播的使用》中总结了使用与满足理论。使用与满足理论是研究大众媒介的效果与使用的理论，指出了媒介和受众的关系。传统的大众传播理论侧重于媒体在传播过程中的作用是说服受众，媒体是主动的传播，受众是被动的接受，而使用与满足理论则将受众设想为主动，受众为了使自身的需求得到满足主动选择对媒介的使用。

（4）多级传播模式

美国传播学家罗杰斯对两级传播理论作了修正，将"传播流"分为"信息流"和"影响流"，认为信息的传播是一级传播，影响的传播则是多级传播，称为多级传播模式（也叫 N 级传播模式）。

（5）怀特守门人模式

怀特（White）于 1950 年在《守门人：新闻选择的事例研究》一文中提出了守门人模式。这里的守门人是指在可以决定何种信息以什么样形式及多少数量在大众传媒中传播的人或机构。守门人具有三重角色，即接受者、守门者和传播者，角色随着环境变化。守门人与一般的传播者和接受者相比，具有隐形性、依附性、追加性、完善性的特点。在大众传播中，守门人的作用和功能主要表现为检查功能、加工功能、评价功能、导向功能和桥梁功能。

2.3.3　网络信息传播模式和微博信息模式

（1）网络传播模式研究

前面介绍的信息传播模式是以传播学为基础的基本传播模式，针对的是一般信息的传播。随着计算机技术及网络技术的发展和普及，信息在网络中的传播日益频繁，网络传播成为众多研究者的研究主题，网络传播模式也会随着网络平台的发展与变更发生一些改变。

网络传播是利用计算机通信网络进行信息传递和交流，以达到社会文化传播目的的传播形式（匡文波，2004）。网络传播包括了大众传播（单向）和人际传播（双向）的信息传播特征，形成一种网状传播结构，该网上的任何一个节点都能够产生、发布信息，以非线性方式在网络中传播，是一种多对多的网状传播模式。

网络传播可以分为四个层次，包括人抒发情感和自我交流的内向传播、人与人之间的交流产生的人际传播、团体成员与团体之间的组织传播交流，以及以网络为媒介的大众传播。网络传播改变了信息传播者与信息接受者之间的关系，接受者与传播者站在了"平等"的位置上。网络传播既可以进行点对面的传播又可以进行点对点、多点对多点的传播。网络传播中的"受众"，可以是无数个性格迥异的个体相加，而在传播过程中，受众同传播者相互转化。研究网络传播遵循什么样的模式，对研究新生的网络媒介传播模式有很大的意义。

目前有很多网络传播模式（具体传播模式图见表 2-3），如网状模式（王中义，2001）、阳光模式、整体互动模式（邵培仁，2007）、网络信息传播模式（谢新洲，2004）、郝金星信息交流模式（才书训和王雷震，2004）、六度传播模式（孟庆兰，2008）和社交网络传播模式，这些模式的具体特点如下（这里只介绍其中的 6 种模式）：

表 2-3 　　　　　　　　　　**网络传播模式图汇总表**

网络传播模式	模式图
王中义网状模式	C/R　C/R　C/R　C/R　人格结构　基本群体　社会环境
邵培仁阳光模式	经验因素　与国际网络连接　规范因素　终端机　大众媒介　信息源　终端机　终端机　终端机　终端机　信息交换设备　终端机　终端机　终端机　终端机　信息库　社会服务　终端机　价值因素　与他国网络连接　环境因素
邵培仁整体互动模式	经验因素　效果　谋略技巧　信息　参与者　大众媒介系统　参与者　信息　谋略技巧　效果　传播　反馈　外接　反馈　规范因素　大众媒介　信息源　价值因素　传播者　终端机　信息交换设备　终端机　受传者　信息库　社会服务　传播　反馈　外接　反馈　效果　谋略技巧　信息　人际媒介系统　信息　谋略技巧　效果　环境因素

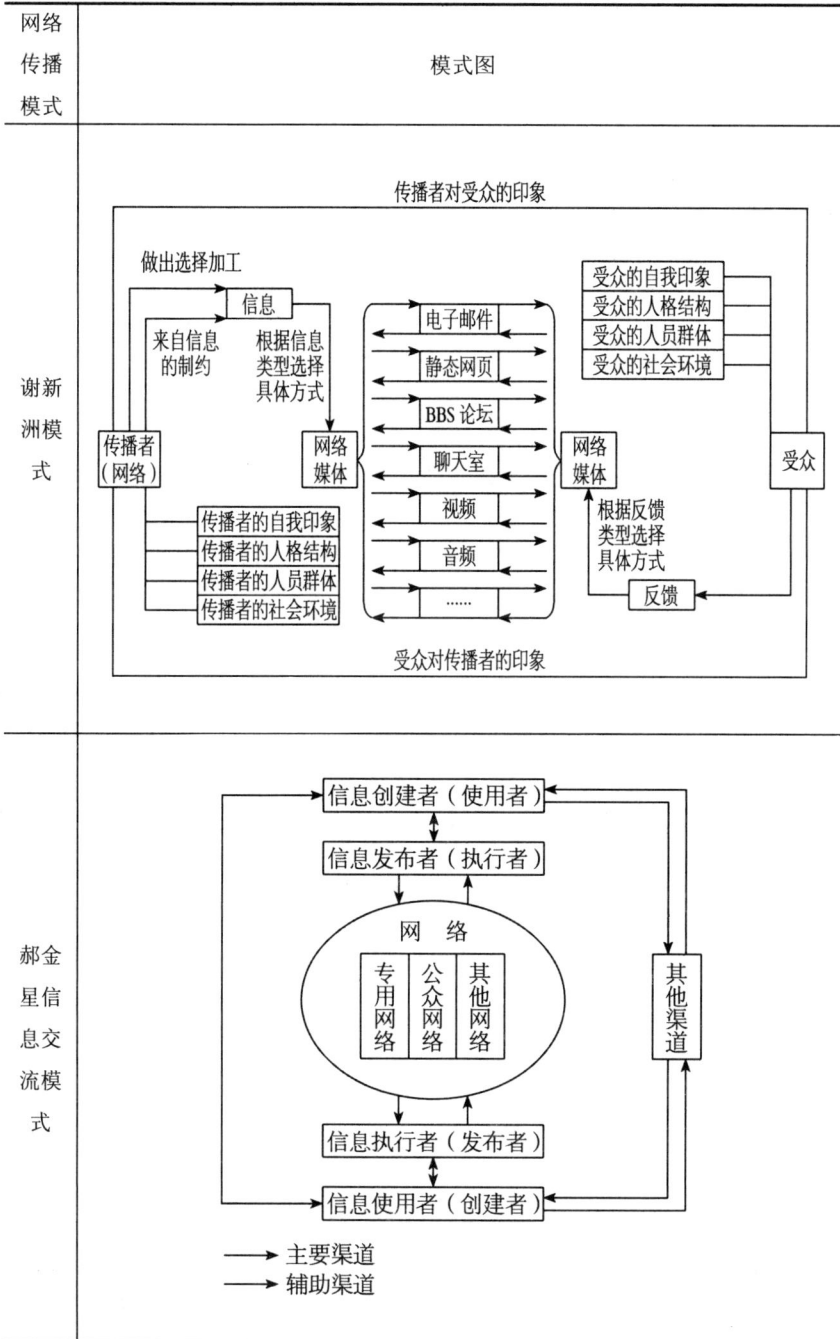

网络传播模式	模式图

谢新洲模式

传播者对受众的印象

做出选择加工

信息

来自信息的制约　根据信息类型选择具体方式

受众的自我印象
受众的人格结构
受众的人员群体
受众的社会环境

传播者（网络）　网络媒体

电子邮件
静态网页
BBS 论坛
聊天室
视频
音频
……

网络媒体　受众

传播者的自我印象
传播者的人格结构
传播者的人员群体
传播者的社会环境

根据反馈类型选择具体方式

反馈

受众对传播者的印象

郝金星信息交流模式

信息创建者（使用者）

信息发布者（执行者）

网　络

专用网络　公众网络　其他网络

其他渠道

信息执行者（发布者）

信息使用者（创建者）

⟶ 主要渠道
⟶ 辅助渠道

续表

网络传播模式	模式图
孟庆兰六度传播模式	C R、C R、C R、C R、C R、C R；电子邮件、静态网页、网络、专用网络、公用网络、其他网络、BBS 论坛、音频、硬件、软件、视频；自我印象、人员群体、人格结构、社会环境
社交网络传播模式	对网络的信息传播做进一步的探讨：一般传播者/受众；媒介；网内信息反馈；传统媒体网络媒体①；社交网络平台；名人/机构（不含媒体）②；外部信息流入；一般传播者/受众；媒介。注：①②为特殊传播者/受众

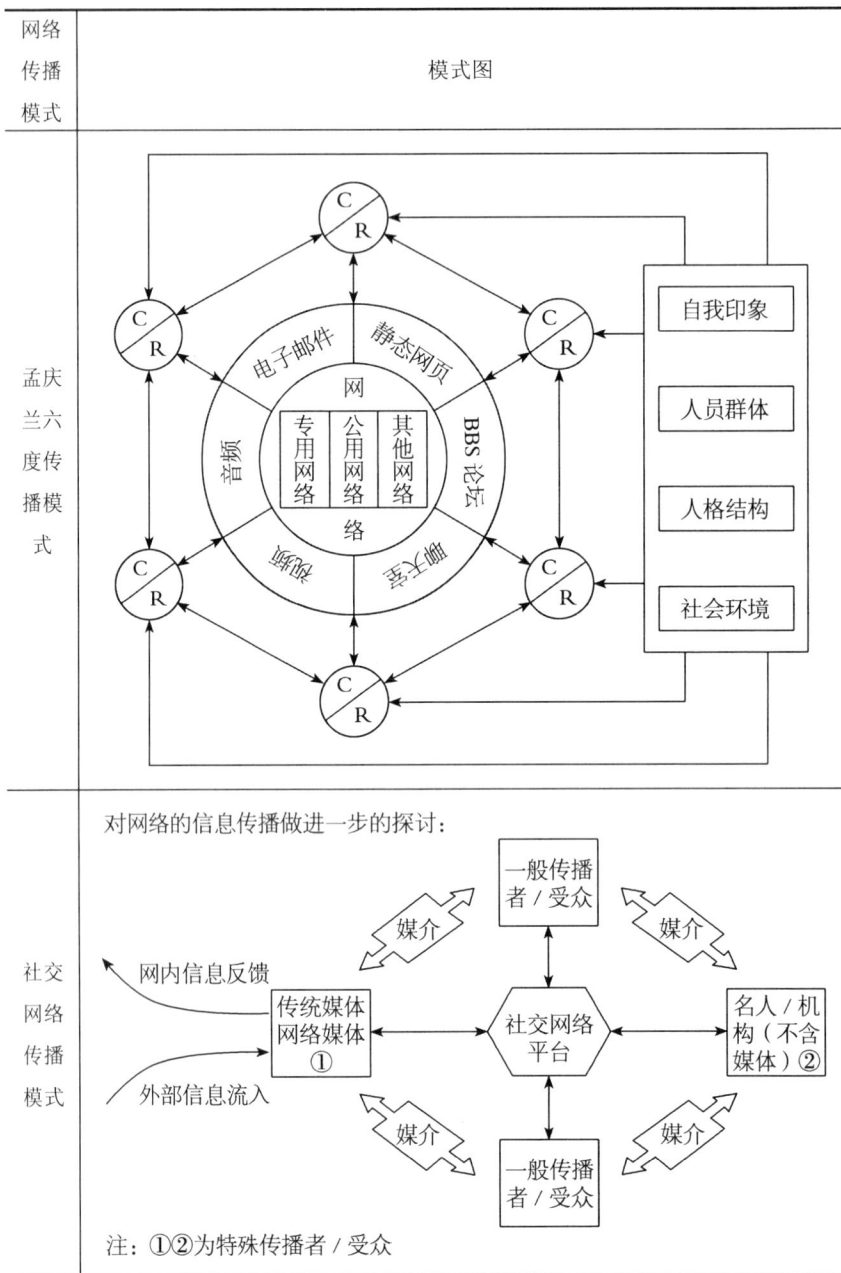

资料来源 史亚光，袁毅. 基于社交网络的信息传播模式探微[J]. 图书馆论坛，2009，29（6）：220-223.

①王中义网状模式

王中义（2001）在网状模式中指出，网络信息传播是以计算机为传播媒介，呈现节点间一对一、一对多或多对多的网状分布，无中心、无边界、无覆盖面的网络传播。网络中的传播主体兼有两个身份，既是信息传播者，又是信息接受者。在传播过程中，每个主体受到人格结构、所处的基本群体及社会环境的制约，进而影响传播主体对媒介、内容的选择、加工和接受。

②邵培仁阳光模式

邵培仁（2007）的阳光模式则撇开了传统的人际传播和大众传播的惯用形式，以宏观的整体眼光抽象出网络信息传播模式，即通过信息交换中心（如电信局或网站等）连接各个信息系统进行信息创造、分享、互动的结构形式。它包括终端机、信息交换设备、信息库、大众媒介、信息源、社会服务等六个要素，受经验因素、环境因素、价值因素和规范因素四个因素的影响。

③邵培仁整体互动模式

邵培仁（2007）的整体互动模式考虑了系统与外部世界的复杂联系，体现了传播中的各种因素构成的整体间的互动传播，从而找出传播的本质和规律。整体互动模式强调了整体和互动两点，突出强调了传播的双向性和能动性。

④郝金星信息交流模式

郝金星（2004）提出了信息交流模型，该模型的主体有两个：信息创建者（使用者）和信息发布者（执行者）。信息流动包括两种渠道：直接渠道和辅助渠道，在网络环境下，信息交流是双向过程，同一用户在网络条件下可以扮演多种角色，如创建信息者也可以是使用信息者。信息创建者和信息发布者都不局限于个人，可以是多人或组织。

⑤孟庆兰六度传播模式

孟庆兰（2008）提出了六度传播模式，同样认为网络信息传播中的主体既是传播者又是接受者，同时每个传播主体又受到个体的自我印象、人格结构、所处的人员群体和社会环境因素的制约。另外，在传统信息传播模式研究中，有对于噪音等破坏信息的因素的考虑。在网络信息传播中，噪音对信息的传递和解码所产生的影响不会像在传统传播过程中所造成的影响那么大。

⑥社交网络信息传播模式

社交网络提供了一种基于关系的网络信息传播方式，史亚光和袁毅（2009）按照六度分隔理论和 150 法则分析各要素，构建了社交网络信息传播模式，探讨了一般的传播者与受众、特殊的传播者与受众、传播媒介、传播内容及传播效果。其中对一般的传播者与受众的研究表示，不同于一般线性传播模式，社交网络中的注册用户既是信息的传播者，又是信息的接受者。特殊的传播者与受众则指那些名人、机构、传统媒体等。该模式中设定的传播媒介指的是 P2P 网络互操作系统平台，如微博、播客、IM、流媒体等，是一种音视频及文本兼具的综合性媒介（袁梦倩，2009）。社交网络中的信息基本上由用户生产，信息在小范围内有明确的指向，在大范围内呈网状发散。通过 150 法则可以确定，社交网络中可以维持强关系的人数约为 150 人，这一范围代表信息传播的明确指向。而特殊的用户的影响范围却是大大超越了 150 法则，能够形成社交网络的信息集散地。

（2）微博传播模式研究

微博作为目前比较流行的社交网络平台，同时具有自媒体的特征，国内学者对微博信息传播模式的研究已有涉猎，如夏雨禾的树状对话结构、黄塑的多级传播模式以及李开复的病毒传播模式。夏雨禾分析了438 个微博信息样本，在传统社会互动理论的基础上对新浪微博互动机制进行了研究，并提出了微博信息互动传播的链状、环状和树状模式（夏雨禾，2010），其中树状结构中，既可能包括点对点两两对话的模式，又可能包括链状和环状对话结构，中心话题以树状模式进一步深化与扩散。黄朔的多级传播模式（黄朔，2010）则根据微博的跨媒介传播特点，结合信息传播的范围及影响总结出了微博信息传播的三级至多级传播，体现了从分众传播到大众传播的跨越。李开复的基于信任的病毒传播（李开复，2011）基于人际社会网络关系的应用，认为微博信息的传播是通过人与人之间的关系层级裂变式传播。左晓娜基于马莱茨克模式的微博传播模式（左晓娜，2011），将马莱茨克模式中的信息与媒介结合，作为传播者与受众联系的环节，信息经媒介传递给受众后在受众中进行初级传播即点对点的传播，随着内容更新到分众传播，使得关注同一微博话题的用户们形成群体，进而再次放大传播，最终将更全面、更多样化的来自受众的信息反馈给最初的信息传播者。

2.3.4　简评

线性模式表述了信息传播的直接过程和环节，缺点是强调了信息传播的直线性，反映了信息由信息发出者到信息接收者的单向过程，忽略了反馈机制和各要素之间的相互作用。奥斯古德-施拉姆循环模式强调了循环互动性及主体双方的相互作用和不同的角色功能，更适合人际传播，而不适合大众传播。而施拉姆大众传播模式提出是由媒介组织从各种信息来源获得信息，编辑后以复制的形式形成大量相同的信息传播给各种信息接受者，信息接受者再将反馈信息返回给传播者。受众中有意见领袖，对信息传播中的受众产生很大的影响。

赖利夫妇系统模式强调了从整体社会环境出发研究传播过程，认为大众传播是各种社会过程中的一个环节。德国学者马莱茨克提出一个大众传播过程模式，传播过程由传播者、信息、媒介、接受者和反馈五大环节构成，并且分析了每一环节的影响和制约因素。

两级传播模式、议程设置模式、使用与满足模式、多级传播模式和怀特守门人模式等则注重信息传播中的某一环节的特征。网络的出现使得信息的传播模式随着网络平台的变化而有所调整。网络信息传播模式中的共同点是主体身兼两个角色：信息传播者和信息接受者；不同之处在于侧重的环节与影响因素不同。如今，社交网络迅速崛起，尤其是微博这一新的自媒体式社交网络平台发展迅速，信息传播的主体、环节以及形成的传播模式受到学者关注。现有的微博信息传播模式研究，都是在一种基本的传播模式基础上发展的，如夏雨禾的树状对话结构、黄塑的多级传播模式以及李开复的病毒传播模式各体现了微博信息传播的一方面特点，没有全面体现微博信息传播的过程和特点，尤其是对企业微博信息传播的模式还没有深入的研究。企业微博信息如何传播，各主体在传播环节中的表现，信息传播的途径都是本书要研究的问题。

2.4 微博信息传播特征及影响因素研究综述

有关微博的开创性学术论文最早出现在 2008—2009 年间（Cheong 和 Ray，2011），随后相关的研究文献如雨后春笋般涌现。随着越来越多的与微博相关的研究工作的展开，微博领域的研究和应用也在扩大。初期的研究主要集中在"社会媒体和网络、人类学、人机交互、数据挖掘、知识发现、可视化"（Cheong 和 Ray，2011）等领域，现在很多看似与微博没有联系的新的研究领域，例如恐怖主义信息学、用户建模和个性化、网络安全、垃圾邮件检测和信息流等，也已经成为 Twitter 和微博研究的主要焦点。微博信息流、信息扩散方式、信息传播的相关研究更是受到国内外学者的重视。

2.4.1 危机和集会事件中的微博信息传播特征研究

早期微博文献就已经针对危机事件（如自然灾害）和集会事件（如美国的政治会议）结合微博用户和消息视角研究了消息传播、信息流以及微博用户网络的特点（Hughes 和 Palen，2009；Starbird，Palen 和 Hughes 等，2010）。自那时起，已经有更多的研究从国际的角度处理类似的事件，这将改善现有的这门学科的知识。

针对微博集会事件的研究，定性、定量观察分析微博中行动主义和民主建设活动。Ems（2010）和 Lin 等（2010）在 CHI2010 研讨会上提交了两篇有关微博的论文，提供了一个快速概述微博在行动中的有效性的判断依据。Ems（2010）认为微博是一种有效的沟通工具，适合生活在独裁政权中的人们传播信息。微博通过链接到媒体的其他形式成为一个新闻媒体过滤器，并且可以将他人的知识放大分布，Twitter 可以通过帮助塑造公众舆论提供能量（Ems，2010）威胁到独裁政权。

Lin 等（2010）的论文更侧重于分析激进的意识，并发现 Twitter 能有效地促进社会意识信息交换，允许人们"被听见"，在支持者中建立一个非正式的社交网络，并允许一个病毒式的信息传播（或"营销"

一个特定的活动），Twitter 还可以提供现状的更新。

Burns 和 Eltham（2009）以 2009 年伊朗大选争议为研究主题，从公民抗议者和政府角度对微博进行了一个社会学评价，揭示了早期采用 Twitter 的人利用 Twitter 传播意识的情况。

Jungherr（2009）则观察了 2009 年德国选举时期的政客、聚会、运动和支持者等，他们快速采用微博为工具，通过 Twitter 账户中心（如 Twitter 账户@teamdeutschland）进行社区建设，进而形成一个讨论焦点（如分销渠道的"社会对象"）。类似于在美国政治会议中的发现（Hughes 和 Palen，2009），Twitter 被确定为德国大选背景下的一个反向信道通信。

Serbanuta，Chao 和 Takazawa（2010）的初步研究量化统计了摩尔多瓦的"Twitter 革命"这一事件中 Twitter 活动的独特特性，独特用户平均发信息数为 14.8 条，而且 10.7% 的信息中包含 URL 链接到其他内容，每条罗马尼亚和英语信息平均被转发 2.6 次，这说明在集会事件中微博用户活跃参与，并通过 URL 保证信息的详细性，微博信息以转发为渠道进行传播。

在集会事件中，微博起到了很好的沟通作用，是一个活跃有效的通信工具，越来越多的国家、用户将其应用到政治中，微博的政治信息传播方面也成为学者们研究的热点。

有关灾难和危机的微博信息传播特征最显著，很多学者研究微博在大规模紧急事件中的方法和挑战（Hughes 和 Palen，2009；Starbird，Palen 和 Hughes 等，2010；Vieweg 和 Starbird，2010），描述了未来研究的几种类型，指出在出现紧急事件时，可以利用 Twitter 上的数据——揭示危机事件地理定位的地理参考信息、转发数据的信息流动，以及即时危机信息的非正式推荐——理解 Twitter 用户网络连接对消息的内容、用户流的行为和危机信息传播的影响（Vieweg 和 Starbird，2010）。如何在众多的消息中区分灾难信息和普通聊天是一项挑战，Kireyev，Palen 和 Anderson（2009）尝试使用主题的消息域模型分类，如微博语言模式、短消息长度和特定于本地环境的文本。但是这些研究都是实验性的，没有决定性的结果报告。

Longueville，Smith 和 Luraschi（2009）采用数据挖掘的方法挖掘推特上时空数据以跟踪法国马赛的森林大火。时态数据从消息的时间中提取，而空间数据是从推特的 GPS 定位或暗示的地名中获得。通过对这些定性数据的分析，得出微博（Twitter）在紧急事件中可以快速传播信息，并提供准确有用的时空信息，同时能够开展广泛的话题沟通，成为公众信息的一个重要来源。并且，URL 的使用使得传播的信息内容更为详细（Longueville，Smith 和 Luraschi，2009）。

另一项探索研究是 Twitter 用户在紧急情况下使用推特的情况。以2010 年 2 月底智利地震为研究对象（Mendoza，Poblete 和 Castillo，2010），这项研究关注推特信息在智利地震中的上下文，使用#terremotochile（#智利地震）和朋友/跟随模式，利用顶级用户在讨论中的影响，区分推特中有关灾难的谣言与实际的新闻传播。在推特上观察到的重要统计数据/用户数据集发现推特的回复比例高达 98%，几乎每一条信息都有回复，并且调查的用户中有一半的用户拥有的粉丝数高于他的关注用户数。活动期间的前 20 位活跃用户是新闻媒体、名人或非营利组织。对于热门话题，和整个事件的推特的全部用户相比，一部分用户的贡献是微不足道的。

微博中讨论的事件都是现实世界中的事件的镜像，具有现实意义。当发生灾难时，有关灾难的信息数量会高于其他平时受欢迎的话题（Mendoza，Poblete 和 Castillo，2010）。事实上，当关键字根据术语云被分组，每天的事件关键词是按时间分布的，与改变现实生活中的事件高度相关。比如报道事件的第一天播报"海啸"，第二天播报"海啸失踪的人"。用户转发行为所展现出来结构都是树状的（Kwak，Lee 和 Park，2010）。

微博信息传播的一个特点就是类似病毒传播，很多学者研究微博平台上病毒传播潜在的自然属性信息、特殊病毒如何通过转发在 Twitter 扩散以及地理定位等问题。Van Liere（2010）研究 Twitter 上的信息代理和转发的地理扩散模式，首先提出三种模式：均匀分布、偏向附近的用户（本地模式）和偏向离你最远的用户。该研究发现

60%的转发评论发生在发帖的第一个小时后，并在一天之内迅速消失为零。在地理上，他确定，平均转发距离大约是 955 公里，中值是 1 698 公里，这表明存在"信息经纪人的模式（偏向用户离你最远的）。Van Liere（2010）还谈到一个转发背后的三层动机：①争夺注意力和增加追随者数；②获得影响力，作为社会媒体过滤掉"专攻特定主题"；③把信息从一个社交网络群体传递到另一个群体之中，作为不同群体之间的一座桥梁。事实上，提到的前两个动机可以被 Metaxas 和 Mustafaraj（2010）的一个研究结论补充——"一个更容易被转发的消息来自一个受人赞同的原始发送者（或分享政治取向）"，因为大多数用户"非常不可能转发他们不同意的消息"（Mustafaraj 和 Metaxas，2010）。

Abrol 和 Khan（2010）通过观察推文提到一个特定的位置与实际的现实世界的人口的位置的频率，提出一个指标称为"人口频率比率"。这可以被用作一个标尺来衡量关于信息传播模式的任何异常，涉及特定位置问题。

最后，Stonedahl，Rand 和 Wilensky（2010）测量了病毒式营销策略的四个理论模型与现实世界中的 Twitter，这有助于我们理解这种病毒性的信息传播。研究发现 Twitter 并非采取一个随机的社会网络形式，它拥有很多的朋友的"中心"用户并且在社交图上是接近的，然而网络之间无关联部分的"桥梁"（或"信息经纪人"）坐落于相当远的地方。因此推特与社会网络文献中的四种网络截然不同，包括常规的晶格的网络和"小世界"网络（Stonedahl，Rand 和 Wilensky，2010）。

2.4.2 微博信息传播影响因素研究现状

近几年来微博迅速发展，微博信息传播已引起学术研究者的关注。信息扩散的研究方法可以分为两类：内容分析和传播网络分析。内容分析是利用统计工具根据某些特征因素统计、分析信息传播的有关特征。在这些研究中，人们主要关注转发的特点，并分析了转发内容与普通信息的不同。将这些研究汇总比较得到表 2-4。

表 2-4 微博传播影响因素研究汇总

文献	影响转发因素分类	具体因素	分析方法
Zarrella（2009）	基本转发特征	时刻（timing of day） 星期（day of week） 转发内容类型 （retweet content types） 符号类型 （punctuation type） 单词平均出现次数 （average word occurance） 可读性等级水平 （readability grade levels） 请字出现次数 （occurance of please） 最可能转发词语 （most retweetable words） 最不可能转发词语 （least retweetable words） 短链转发可能性 （retweetability of URL shorteners） 平均粉丝转发信息数 （retweets per follower）	统计分析 内容分析
Meeyoung，Hamed，Fabricio 和 Krishna（2010）	用户特征	入度影响（indegree influence） 转发影响（retweet influence） 提到影响（mention influence）	内容分析 比较研究
Kate 和 Leysia（2010）	信息传播特征	本地用户（local user） 是否转发（retweet or not）	内容分析
Hansen，Arvidsson，Nielsen 和 Colleoni（2011）		新闻消息比例（rate of news） 负向情感（negative sentiment）	机器学习 内容分析 线性回归

续表

文献	影响转发因素分类	具体因素	分析方法
Bongwon，Lichan，Peter 和 Chi（2010）	微博特征	话题标签（hash tag） 提到（mention） 超链接（URL） 天数（days） 爱好（favorite） 粉丝（follower） 关注（followee） 身份（status）	回归分析
Yang 和 Counts（2010）		帖子数量（number of post） 提到数量（number of mention） 被提到数量（number of mentioned） 被提到率（mentioned rate） 是否提到（Is mention） 有链接（have link） 阶段（stage）	回归分析
Liuzhiming，LiuLu 和 Lihong（2012）	系统式线索	可信性（trustworthiness） 专业性（expertise） 吸引力（attractiveness）	回归分析
	启发式线索	短链数量（number of URL） 提到数量（number of mention） 多媒体（multimedia） 客观性（objectivity）	
Stieglitz 和 Linh（2011）		正向情感（POSEMO） 负向情感（NEGEMO） 粉丝（follower） 账户年龄（account age in days） 超链接（URL） 话题（hash）	回归分析

资料来源　笔者根据文献整理。

Zarrella（2009）研究基本转发特点，如最有可能被转发的单词（most retweetable words）、最不可能被转发的单词（least retweetable words）、转发时间（timing of day）、具有 URL 短链的转发可能性（retweetability of URL shorteners）等。结果表明，56.7%的转发信息有 URL，只有 19.0%的普通信息有 URL。

Cha，Haddadi 和 Benevenuto 等（2010）则从用户特征出发比较分析跟随影响（indegree influence）、转发影响（retweet influence）、提到（@用户昵称）影响（mention），发现影响微博信息转发和被转发最多的用户特征是内容聚合服务、商人和新闻网站。

Starbird 和 Palen（2010）研究了紧急背景下推特中的信息传播行为，分析在传播过程中的信息是否是转发的及是否由本地用户发出的。他们的研究显示，在所有紧急事件的推特中超过 10%是事件发生当地人转发的。他们还发现，对于大多数由个人转发的原信息作者则更有可能是事件当地的。

Suh，Hong 和 Pirolli 等（2010）在论文中分析了与转发率显著相关的关键因素。从微博特征出发，总结了话题标签（hashtag）、提到（mention）、短链接（URL）、天数（days）、爱好（favorite）、粉丝（follower）、关注（followee）、身份（status）等因素。他们发现内容特性、URL 和标签与转发有牢固的关系。另外，上下文特性、追随者的数量、好友以及账号的年龄似乎也影响转发。

Hansen，Arvidsson 和 Nielsen 等（2011）认为信息传播与推特信息情感相关。他们将信息通过机器学习的方法分为新闻类和非新闻类，并用内容分析法得到每一信息的情感值，进行回归分析。研究结果表明，负面情感增强传播新闻片段，而正向情感支持传播非新闻内容。

内容分析从微博特征上研究影响信息传播的因素，关注在一个特定时间的传播扩散，而传播网络分析则通过构建一个信息传播网络，从动态角度分析转发信息的特征和影响信息传播的因素。例如，Kwak，Lee 和 Park 等（2010），Yang 和 Counts（2010）都是通过建立信息传播树研究微博信息传播的速度、规模和范围。在 Kwak，Lee 和 Park 等（2010）的研究中，他们发现，无论用户的跟随者（粉丝）数量是多少，一旦用户的信息通过转发开始散播，信息就很可能达到一定数量的受众。分析表明，几乎所有的传播范围的层级（hops）小于 6，没有超出 11。50%的转发发生在一小时内，75%的转发发生在一天，但是大约 10%的转发发生在一个月后。

Yang 和 Counts（2010）认为提到（@用户昵称）代表同一个活跃的用户交互，通过提到（@用户昵称），用户能够利用用户真正交互的隐性网络而不是潜在的非常被动的追随者网络。结合生存分析，他们建造了一个新颖的模型来捕获信息扩散的三个主要属性：速度、规模和范围，发现提到（@用户昵称）的次数对速度和规模都有显著影响。

Liuzhiming，LiuLu 和 Lihong（2012）则以 HSM 为理论框架，从系统线索和启发线索两方面，研究了影响微博信息传播扩散的决定因素。研究结果发现源可信性、源专业性、源吸引力都正向影响信息的转发，信息中多媒体的数量也正向影响信息的转发。

Stieglitz 和 Dang-Xuan（2011）研究了政治事件中的微博信息转发影响因素，主要从信息体现的情感方面研究，研究表明，正向和负向情感的信息都易转发。

2.4.3 简评

从上述文献分析中发现，对最早出现的微博（Twitter）信息传播，多数学者以危机事件或集会事件为背景，从信息传播结构、传播模式、传播的影响因素等方面入手进行了详细的研究与大量的实证检验。但是由于微博作为新生事物，其研究的时间较短，无论国内还是国外的研究都处于起步阶段，尤其是针对国内微博信息传播的研究更是处于初级阶段。

现有的微博信息传播研究采用多种方法：数据挖掘、内容分析、案例研究、社会网络分析、实证研究等，结合特定背景，从不同角度——基本转发特征、用户特征、微博信息特征等——研究了微博信息传播的影响因素，并对这些影响因素进行了提取验证。

回顾研究危机事件和集会事件中微博信息传播的文献，发现这些研究体现了微博信息传播的特点：快速而广泛，传播结构呈树状结构，呈现病毒式传播。病毒式传播开拓了信息传播的深度和广度，因此，微博是一个有利于信息传播的平台。

在影响微博信息传播的因素研究中，研究焦点主要集中在微博信息传播中的跟随机制，关注数量，账号年龄，用户身份特征，时间因素，内容类型，信息中 URL、图片、视频等多媒体的使用，以及提到（@用户昵称）的使用和话题（Hashtag 或#）的发起等。一些学者尤其重视信息中蕴含的情感对传播的影响，对信息进行内容分析，计算出信息中蕴含的情感。研究结果有：负面情感增强传播新闻片段，而正向情感支持传播非新闻内容；正负向情感都影响政治信息的传播；权威用户在信息传播中具有较大的活跃性。

由于微博信息传播快速而广泛，研究者的目光都聚集在危机事件或政治事件等方面的信息传播的研究上，针对企业微博信息传播的研究很少。虽然企业微博的营销价值也日渐被重视，但是多数研究都是有关如何利用企业微博开展营销、企业微博营销策略制定等方面的定性研究，对影响企业微博营销信息传播因素的定量研究很少。因此，本书拟在已有文献研究的基础上，定量研究企业微博信息传播的影响因素。

2.5　社会网络理论及其在信息传播中的应用研究

2.5.1　社会网络理论的基本内容

（1）社会网络理论

社会网络理论最早始于 20 世纪 30 年代，在其后的 30 年间，社会结构的概念在不同领域，如心理学、社会学、数学、统计学等领域，不断深化，形成了一套系统的社会网络理论，到 20 世纪 90 年代被广泛地应用到企业研究中。英国著名人类学家 Brown 最早提出了社会网络的概念，主要研究文化对有界群体内的成员行为的规定影响（布朗，1999）。Wellman（1988）认为社会网络是一个系统，由某些特定个体之间的社会关系构成。刘军（2009）则从整体网络分析中指出社会网络是多个代表社会行动者的点以及各个点之间的关系，以连线的形式出现，构成的网络集合。社会行动者（actor）既可以是个人，也可以是集体单位，如部门、团体。社会网络对于获取企业知识、信息等资源有很大的关系。从社会网络定义中看，社会网络分析侧重于关系和结构这两个维度的研究（Tichy，Tushman 和 Fombrun，1979）。关系维度主要通过强度和对称性等指标来测量社会网络中的行动者之间关系的差异。而结构维度则通过密度、中心性、距离等指标测量社会网络中行动者在其中所处位置的结构性差异。

Granovetter（1973）提出社会关系由强关系（strong ties）和弱关系（weak ties）两种类型构成，并指出了与强关系相比，弱关系是沟通不同群体的桥梁，更能够传递对行动者有用的信息，即"弱关系的力量"（the strength of weak ties）的观点。Krackhardt（1992）提出了"强关系的力量"（the strength of strong ties）的观点，即强关系比弱关系更能传递对行动者有用的信息。林南（1982）认为，弱关系具有信息传递的优势，强关系适于传递情感、信任和影响力。边燕杰（1998）也发现在中国求职者的工作分配过程中，强关系与弱关系相比能够提供更多的资源。这些学者的研究表明，在传递信任、情感和影响上，强关系比弱关系更具优势。

Boorman 和 White（1976）研究了网络的整体结构，在网络表征方法上做出了重要的贡献。Burt（1992）从结构角度研究了社会网络，提出了"结构洞"（structural hole）的概念。结构洞是指社会网络中某个或某些节点与部分节点发生直接联系，而与其他节点不发生直接联系的现象。行动者在网络中占据的结构洞越多，在结构上拥有的优势就越大，获得的回报就越高。

（2）网络密度研究

社会网络密度分析是分析网络中各个节点之间联系的紧密程度的（Coleman，1988；Burt，1992），各节点间的联系越多，其网络密度就越高。在社会网络分析中一般用网络中实际关系与所有可能发生的关系的比率来计算（方壮志，1995）。有向图密度公式为：

$$P = K/N(N-1) \tag{2-1}$$

其中 K 表示图中有向弧数量，N 表示节点数。

由密度公式看出,网络密度越接近 1,网络成员间的联系越紧密,信息在成员间传递的速度越高,成员之间的信息交流越方便。

一般而言,社会网络的密度越高,行动者之间越能够迅速有效地传递信息 (张闯,2008)。Ahuja(2000)发现成员间联系越紧密,信息就能够以更快的速度在成员之间传递。Larson(1991)指出网络密度的增加有利于信息的交流与协调。柯江林、孙健敏和石金涛等(2007)发现团队成员的网络密度越高,其知识分享行为、知识整合能力、创新绩效、计划符合度和团队承诺越显著。刘宁(2007)研究了社会网络对企业管理人员职业生涯成功的影响,发现社会网络与职业成功之间的关系以网络利益为中介,相对于网络规模和网络异质性,网络密度和关系强度对网络利益的获取更为重要。此外,高密度的社会网络也利于相互信任和共同的行为模式与规范的形成,使得网络成员更容易达成一致性行为。

(3)网络中心性研究

中心性分析在社会网络分析中占有很重要的地位,可以用来说明行动者在社会网络中具有怎样的地位和权力(Freeman,1979)。个体的中心度(centrality)是测量个体在网络中处于中心的程度,反映了个体在网络中的重要性程度。因此,一个网络中的每个个体都各自有一个中心度来反映每个个体在网络中的重要程度、所处网络位置的优越性、社会声望,以及在网络中的控制权力(刘璐,2009)。整个网络有一个总体的中心度,成为中心势(centralization),反映的是整个网络中各个点的差异性程度(Freeman,1979)。中心性的度量有三种:点度中心度/点度中心势,中间中心度/中间中心势,接近中心度/接近中心势(Freeman,1979)。在本研究中主要关注的是网络中心性,即点的中心性表示出节点在信息传播中具有的权力。Freeman(1979)认为一个点的中心性可以分为点度(degree)、亲近度(closeness)和中介度(betweenness);刘军(2009)指出常用的中心性包括点度中心度(degree)、接近中心度(closeness)和中间中心度(betweenness)。点度中心性衡量的是一个行动者与其他行动者之间存在直接联系的程度,程度高说明行动者居于中心地位,拥有较大的"权力"。所以网络中一个节点的点度中心度通常用网络中与该点之间有联系的点的数目来衡量（Freeman，1979）。

①中间中心性研究

中间中心性是测量行动者对其他行动者的控制程度，即一个行动者处于另两个行动者路径之间，能够控制其他两个行动者的交往能力，若该行动者在网络中这样的位置越多，代表它的中间中心性越高，很多行动者都需要经过它才能发生联系（Freeman，1979）。

绝对中间中心性（betweeness）的公式为：

$$C_{ABC} = \sum_{j}^{n} \sum_{k}^{n} b_{jk}(i) \qquad j \neq k \neq i, j < k \tag{2-2}$$

相对中间中心性（nbetweeness）的公式为：

$$C_{RBi} = 2C_{ABi}(i)/(n^2 - 3n + 2) \tag{2-3}$$

图的中间中心势（network centralization）的公式为：

$$C_{RBi} = \sum_{i=1}^{n} (C_{RB\,max} - C_{RBi})/(n-1) \tag{2-4}$$

整个网络的中间中心性叫中间中心势，反映了网络中中间中心性最高的节点与其他节点的中间中心性的差距。中间中心势高，表示该节点与别的节点的差距大，则该网络中由多个小团体形成，且依赖于某一个节点来传递关系，这一节点在网络中具有很重要的地位。

②点度中心性研究

点度中心度指的是在社会网络中，一个行动者与很多其他行动者有直接联系，该行动者就处于中心地位，从而拥有较大的权力。点度中心势特指作为一个图的中心度，中心势指的不是点的相对重要性而是图的总体整合度或者一致性。对于有向网络，点度中心性又分为点入度中心性（in-degree centrality）与点出度中心性（out-degree centrality），其中点入度中心性表示以网络中的其他人选择与其建立关系的次数来表示，含义是关系进入的程度；点出度中心性则是行动者选择与他人建立关系的次数，其含义是关系的广度（刘军，2009）。

绝对点度中心性（degree）的公式为：

$$C_{ADi} = i\text{的度数} \tag{2-5}$$

相对点度中心性（nrmdegree）的公式为：

$$C_{RDi} = C_{AD}(i)/(n-1) \tag{2-6}$$

图的点度中心势（network centralization）的公式为：

$$C_{RD} = \sum_{i=1}^{n}(C_{RD_{max}} - C_{RDi})/(n-2) \tag{2-7}$$

点度中心度描述的是网络中行动者与他人联系的多少，中间中心性测量的是行动者控制他人的能力，接近中心性则是描述网络中的行动者不受他人控制的能力（平亮和宗永利，2010）。接近中心性在计算中关注的是捷径，而不是直接关系。一个点具有较高的接近中心性，说明这个点可以通过较短的路径与其他点相连。接近中心性主要衡量连通网络中各节点的相连路径，分离的网络则没有意义，中心性的分析则根据实际网络情况有选择地进行。

社会网络中中心性高的网络位置上的信息、技术和资本的流动速度更快，流量也更大（徐健，2010）。因此，中心性高的行动者的直接联系者较多，处于信息资源的交汇处，易于从其他联系者处更快地获得外部信息资源（Podolny 和 Baron，1997）。此外，比较高的中间中心性使得行动者对网络中资源流动的控制力更强，并拥有较高的权力（Burkhardt 和 Brass，1990；Brass 和 Burkhardt，1993）。因此，高的点度中心性或中间中心性都意味着该行动者具有较高的地位和影响力（Freeman，1979）。Watts（1991）认为网络中心度高的行动者对其他行动者产生很大影响，能够控制网络讨论的话题。Brass 和 Burkhardt（1993）发现中心性越高的行动者影响力越大。Wasserman 和 Faust（1994）指出一个行动者的网络中心性越高，表明该行动者直接联系着更多的行动者，掌控着网络中信息传播的渠道，在社会网络中具有更大的权力。

2.5.2 社会网络视角下的信息传播研究

社会科学家早就认识到社会网络在传播信息（Granovetter，1973；Brown 和 Reingen，1987；Watts 和 Dodds，2007）、产品和创新（Rogers，2003）等方面的重要性。随着现代通讯技术的发展，特别是电子邮件和最近的社会媒体，都加强了网络在市场营销（Domingos 和

Richardson，2001；Kempe 和 Tardos，2003）、信息传播（Wu，Huberman 和 Adamic 等，2004；Gruh 和 Liben-nowell，2004）、搜索（Adamic 和 Adar，2005）、灾难通信（Kessler，2011）以及社会和政治运动（Lotan，Graeff 和 Ananny 等，2011）中的作用。作为移动人群交流的潜在重要的工具（Lerman，Ghosh 和 Surachawala，2012），社交网络无处不在，也给研究人员提供了大量的数据进行实证分析。研究人员通过这些数据集研究社会网络结构（Leskovec，Lang 和 Dasgupta 等，2008）、个人动力（V'azquez，Oliveira 和 Dezs 等，2006）、团体行为（Hogg 和 Lerman，2009）、病毒式产品推荐的功效（Leskovec，Adamic 和 Huberman，2009）、信息瀑布的全局属性（Liben-Nowel 和 Kleinberg，2008）和影响力的识别（Leskovec，Krause 和 Guestrin 等，2007；Ghosh 和 Lerman，2010），通过信息流动的网络，了解了社会网络对社会动态和信息传播的影响。

平亮和宗利永（2011）基于社会网络理论，以新浪微博为例，结合微博用户之间的"关注"与"被关注"关系，建立信息传播的网络拓扑结构，通过点度中心性、中间中心性和接近中心性三个方面分析了微博社会网络的中心性，提出了相应的启示。王晓光（2010）以新浪微博为例，对微博用户行为特征与关系特征进行了实证分析。微博用户信息交流过程中形成的不同社会网络及其关系实证研究（袁毅和杨成明，2011），根据某个时间周期内微博用户关于某一话题的交流数据，得到用户在交流中形成的关注关系、转发关系、评论关系和引用关系四种社会关系网络，对比这四种关系的结构及形态，找出其不同之处以及共同特征和联系。公共危机信息传播的社会网络机制研究（王伟和靖继鹏，2007）则总结了社会网络理论——六度分隔、小世界理论、无尺度网络现象、强/弱关系假设和结构洞理论，在其基础上对公共危机信息传播机制进行了初步分析和探讨，对微博转发中信息传播机制研究有一定的启发。六度分隔理论是美国著名社会心理学家米尔格伦（Stanley Milgram）于1967年总结提出，他进行了大量有趣的实验，得到了结论：你和任何一个陌生人之间所间隔的人不会超过六个，即最多通过六个人你就能够认识任何一个陌生人。六度分隔理论说明弱关系是社会存在的普遍现象，但是却发挥着非常强大的作用，该理论有助于分析社交网络中由"弱链接"引起的信息传播效果（史亚光和袁毅，2009；王伟和靖继鹏，2007）。Haewoon 等（2010）研究发现，无论用户的跟随者（follower）数量是多少，一旦用户通过转发开始散播信息，就很可能达到一定数量的受众。分析表明，几乎所有的扩散范围的扩散层级（hops）小于 6 层，最多没有超出 11 层（Kwak，Lee 和 Park 等，2010）。所以基于社交网络的六度分隔理论，通过朋友的朋友不断扩展而形成一个伞状的社会化网络，每一层级不超过 6，但是多个层级逐层传播，传播的方向呈网状发散（史亚光和袁毅，2009）。

2.5.3　简评

经过 70 多年的发展，社会网络理论已经在多个学科领域应用中逐步走向成熟。社会网络理论认为每个行动者都不是孤立的存在，而是与其他行动者相联系的，社会网络分析注重描述行动者之间的联系以及结构，并探究这些联系与结构对群体功能或行动者个体的影响（Brass，Galaskiewicz 和 Greve 等，2004）。目前，社会网络分析已经成为一种较为成熟的社会科学研究范式（Cook 和 Whitmeyer，1992），广泛应用于市场营销、信息传播（Wu，Huberman 和 Adamic 等，2004；Gruh 和 Liben-nowell，2004）、搜索（Adamic 和 Adar，2005）、灾难通信（Kessler，2011）以及社会和政治运动（Lotan，Graeff 和 Ananny 等，2011）等领域的研究。

但在信息传播领域，学者们着重分析影响信息传播的因素，忽略了信息传播主体成员在社会网络中所处的地位以及主体间的相互影响。在信息传播的研究中引入社会网络分析视角可以实现信息传播成员与传播渠道系统的结合，通过对传播成员与传播渠道系统整体网络结构的分析，克服以往信息传播研究中存在的个体与整体分离的不足（刘军，2009）。

因此，本研究在分析中引入社会网络视角，将社会网络理论中的两个核心概念（网络密度和网络中心性）引入企业微博信息传播的研究中，探讨企业微博信息转发关注关系网络中，网络结构特征对信息传播途径、成员权力的影响。

2.6　本章小结

通过回顾企业微博营销的相关研究，发现微博营销最大的特点就是传播范围广泛，使得产品信息或者企业品牌信息尽可能快速且广泛地传播到世界的各个角落，影响企业信息快速而广泛传播的因素是什么，也是营销者关注的问题。现阶段企业认识到微博营销的优势，但是对于如何规划企业微博的发展，哪些因素影响企业微博信息传播、更有利于企业品牌信息的传播还没有明确。因此，本书选取企业微博为研究对象，为企业微博的发展提供一定的理论支持。

从微博热点主题的分析以及微博信息传播相关主题层次的分析中，我们发现与微博信息传播最相关的主题有情感分析、数据挖掘、社会网络、广告、口碑、模式和途径。口碑和广告主题说明信息传播扩散与营销相关，是研究的一个重点。情感分析是微博信息扩散传播的一个相关分支，微博是一个新的社交网络平台，微博信息中蕴含的情感对信息传播有很大的影响。随着云时代的来临，大数据成为越来越多研究人员的研究项目，如何面对大量的非结构化和半结构化的数据进行处理并从中获取有用信息成为研究热点。故本书拟通过抓取企业微博信息，采用数据挖掘和情感分析的方法，分析影响企业微博信息传播的因素。

微博是一个社交网络平台，信息如何在社会网络中扩散传播、信息在社会网络中传播有哪些影响因素等都是目前人们致力研究的课题。因此，本研究在分析中引入社会网络视角，将社会网络理论中的两个核心概念（网络密度和网络中心性）引入企业微博信息传播的研究中，探讨企业微博信息转发关注关系网络中，网络结构特征对信息传播途径、成员权力的影响。

信息传播模式可以表明需要研究的传播过程，指出信息传播机制在解决问题中隐藏的漏洞，也能表明在传播过程中涉及的因素，通过研究每一因素相关的属性，可以更好地研究信息的传播过程和影响信息传播的因素。为了研究微博信息传播模式，需深刻认识经典的信息传播模式。经典信息传播模式分为线性模式、控制论模式、社会系统模式三个阶段，在此基础上，结合网络环境，发展了若干的网络信息传播模式。本书根据经典信息模式的发展，得出适合微博信息的传播模式，进而研究企业微博信息传播的影响因素。

由于微博信息传播的快速而广泛的特点，使得研究者的目光都聚集在危机事件或政治事件等方面，针对企业微博信息传播的研究很少。虽然企业微博的营销价值也日渐被重视，但是多数研究都是有关如何利用企业微博开展营销、企业微博营销策略制定等方面的定性研究，定量研究影响企业微博营销信息传播因素的文献很少。因此，本书拟在已有文献研究的基础上，定量研究企业微博信息的传播影响因素。

第3章　企业微博信息互动传播模式研究

信息传播模式可以表明需要研究的传播过程，指出信息传播机制在解决问题中隐藏的漏洞，也能表明在传播过程中涉及的因素，通过研究每一因素相关的属性，可以更好地研究信息传播过程和影响信息传播的因素。传播大师多伊奇曾探讨过传播模式在社会科学中的应用，他引述了模式的四种显著功能：组织、启发、预测和能量。为了研究微博信息传播模式，需深刻认识经典的信息传播模式。本书根据经典信息模式的发展，得出适合微博信息传播模式，进而研究企业微博信息传播的影响因素。经典信息传播模式以及网络信息传播模式的特点已经在文献综述中作了对比分析，本章在此基础上结合企业微博特点，研究企业微博信息互动传播模式。

3.1　微博互动

3.1.1　互动概念

从 20 世纪 80 年代至今，包括营销、信息学、计算机科学以及教育领域在内的多个学科都深入探讨了互动的含义。目前，基于不同的目的和背景有很多互动的概念。

Miles（1992）认为互动沟通包含对信息源发出的信息的反应，强调了互动的反应性。Pavlik（1998）认为互动是信息源与接收者之间的双向沟通，或者是任何信息源与接收者之间的多向沟通，强调了沟通性。而 Rafaeli（1998）则认为互动是在一系列沟通后的交换行为，即后边的信息传输与前边信息交换的相关程度，而前边的信息交换情况又取决于更前边的信息传输，强调了互动的系列性。Straubhaar 和 LaRose（1996）认为互动是指信息源获得信息接收者的实时反馈信息，并应用该信息修改原信息以继续进行信息传递，强调了互动的作用。Zack（1993）指出了互动的关键要素：同步的和持续的信息交换，多种非语言线索的应用，评论中自发的、不可预测的及突发的改进（这种改进是潜在的）、打断或先占的能力，交互性，轮换的类型以及邻对的应用。

以上几个定义反映了互动的一些本质及内涵，不同的角度、不同的场景，互动表现不同。目前的研究尚未对互动的概念形成一致的认识，但这几个定义反映了互动参与者之间会进行信息交换与传递，进行一系列的沟通传递，进而形成一定的互动效果。

3.1.2　微博互动

Hoffman 和 Novak 于 1996 年就指出了互动分为人机互动和人际互动两类（Hoffman 和 Novak，1996）。人机互动指的是人与计算机之间的互动，强调了机器对人的响应；人际互动指的是人与人之间的交流互动，是一种社会活动现象。Liu 和 Shrum（2002）则把互动划分为三种类型：人与机器的互动、人与信息的互动、人与人之间的互动。这种互动分类，加入了信息这一角色，体现了人与内容之间的互动，如对信息内容的存取、修改或控制。而人与机器的互动和人与信息的互动都可视为人机互动。

微博互动则主要体现将信息经过加工从一个人传递到另一个人或另一个群体的过程，更多地强调了信息在社会网络中的流动。微博互动中一个主要的因素就是信息处理，微博用户在信息交换过程中对信息进行心理加工，即凭借自身的知识和经验对信息进行选择性注意和加工，对感兴趣的并觉得有必要转发给朋友的信息加以评论或转发。微博互动关系见图 3-1，微博用户通过搜索、关注或被提到的途径获得信息，成为信息接收者，再以转发或评论的形式与其他用户产生互动。

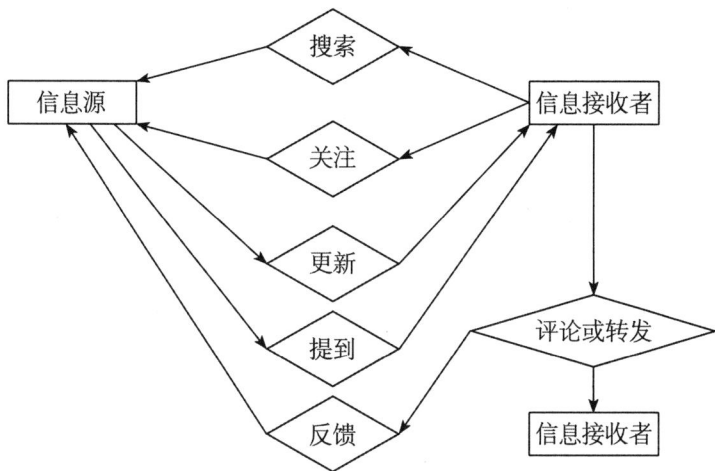

图 3-1　微博互动关系图

　　用户看到微博信息然后产生互动意愿，再进行信息处理，这一过程中常用的理论是归因理论。凯利提出了三维归因理论，即使用 3 种不同的解释说明行为的原因：①从事该行为的行动者；②行动者的对手；③行为产生的环境。

　　微博信息互动可以从这三方面进行解释说明：从互动用户方面揭示——用户具有互动的意愿，如评论、转发；从对手方面解释——如反驳该信息或者为了寻求相同的见解反对该信息中包含的见解；从行为产生的环境方面解释——互动产生于环境的便利，微博平台评论简单方便、一键转发等都为互动提供了方便。

3.2　企业微博信息互动传播模式

　　在微博互动关系明确后，下一步是探讨企业微博信息互动传播模式。威诺和罗森勃鲁特（1951）曾指出模式是直观简洁地描述出某一事项或实体的内在机制与外部联系。模式是现实的抽象以及理论的简化形式（邵培仁，1996）。一个模式可以表明某一结构或过程的主要组成部分以及这些部分之间的相互关系。故研究企业微博信息互动传播模式可以明确企业微博信息传播过程中的主体和环节以及主体在各环节中的作用。企业微博的商业传播模式，既传承了大众传播应有的传播要素，又在传统的传播模式上发生点滴创新。对于传播模式的研究，经典的理论有申农－韦弗数学模式、奥斯古德－施拉姆循环模式、施拉姆的大众传播过程模式、德弗勒的互动模式、赖利夫妇系统模式等。

3.2.1 企业微博信息互动传播模式主体和过程

网络的出现，使得信息的传播模式随着网络平台的变化而有所调整。如今，社交网络迅速崛起，尤其是微博这一新的自媒体式社交网络平台发展迅速，信息传播的主体、环节，形成的传播模式，为学者所关注。现有微博信息传播模式研究中，都是在一种基本的传播模式基础上发展而来的，如夏雨禾的树状对话结构、黄塑的多级传播模式以及李开复的病毒传播模式各体现了微博信息传播的一方面特点，没有全面体现微博信息传播的过程和特点，尤其是企业微博信息传播的模式还没有得到深入的研究，本书研究企业微博的传播模式，是在之前学者对传播过程模式的研究基础上进行探索。

线性模式是信息传播的最基本的模式，该模式中的主体包括信源、信宿、信道，反映了信息由信息发出者到信息接收者的单向过程，忽略了反馈机制和各要素之间的相互作用，其他模式的主体都是在此基础上结合实际特点提出的。奥斯古德－施拉姆循环模式，强调了传播的循环互动性及主体双方的相互作用。而施拉姆大众传播模式认为由媒介组织从各种信息来源获得信息，编辑后以复制的形式形成大量相同的信息传播给各种信息接受者，信息接受者再将反馈信息返回给传播者。受众中有意见领袖，对信息传播中的受众产生很大的影响。

微博信息传播过程中最主要的特点是互动性，在互动过程中可以通过再次转发的形式形成循环互动传播，和施拉姆大众传播模式相类似。信息接收者和传播者界限不明显，每个用户既可以是接收者又可以是传播者，因此我们引入守门人的概念，守门人既是信息接收者，也可以是信息传播者。"守门人"一词来自怀特的守门人理论，是指可以决定何种信息以什么样形式、多少数量在大众传媒中传播的人或机构。微博是一种自媒体，每个用户都可以对信息进行选择和加工，决定是否传播，故将守门人概念引入企业微博信息互动传播模式。守门人具有三重角色，即接受者、守门者和传播者，角色随着环境变化。在企业微博信息传播模式中，获得信息的每位用户接受信息的方式不同，可以看成是守门人的权力。守门人可以对信息进行选择判断、内容加工或传播，如进行浏览后进行忽略、评论、转发等操作，起到守门人的作用。

企业微博作为信息发布者，发布企业相关信息，如产品信息、品牌建设、营销信息等，目标是让更多的微博用户获取信息，了解企业产品信息或相关营销信息。在新浪中的众多企业开设的官方微博中有一种现象，企业拥有企业官方微博的同时，其子品牌、地方分支机构、各组织部门、高管、职员等也开设单独的微博并认证，担任独立的职能，这样的企业微博策略即称为集团微博或家族微博（姚杭永，2012）。这里引入企业集团微博概念，强调信息在各成员与企业微博形成的关系网中流动，利用社会网络关系产生的影响，促进企业微博信息的传播。

因此，我们以信息传播一般模式及网络传播模式为基础，基于怀特守门人理论，结合企业微博功能特点，抽象总结出企业微博信息互动传播模式，着重体现企业微博与集团微博关系。总体传播模式是直线深入型多级传播模式，每一级传播则是裂变式。其中六度分隔理论和150法则可以作为判断传播效果的理论和法则。

企业微博信息互动传播模式如图3-2所示。其中E表示企业微博，F中的网络代表企业微博与集团微博（家族微博）的关系网络。第一层G代表守门人集合，G′代表下一层守门人集合，实线表示关注关系，虚线表示信息流，"//"表示截断（不转发或传播），"……"表示成员及传播层次的无限性。

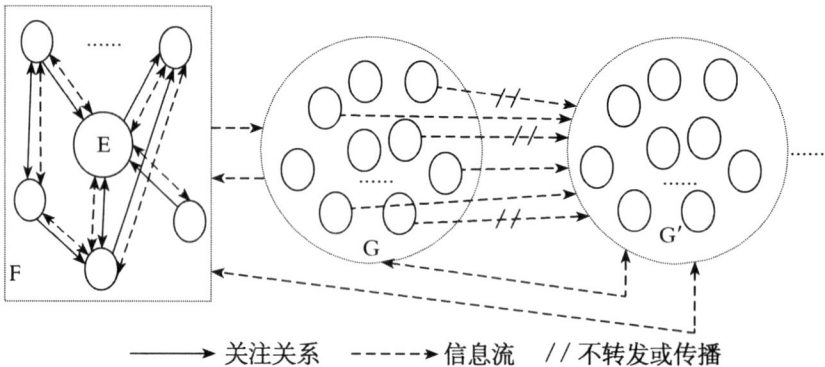

图 3-2 企业微博信息互动传播模式图

从企业微博信息互动传播模式图中看到，该模式中的传播主体包括企业微博（E）、企业集团微博（F）中的成员、守门人集合（G，G′）。其中 G 是个开放的集合，G 中包含收到信息的所有用户，收到信息后每个用户对信息的处理、决定是否转发传播信息，体现出守门人的作用。G′同样是个开放的集合，由所有获得 G 中传递出的信息的成员构成，加工后的信息由 G′继续传播。

企业微博信息传播过程如图 3-2 所示，企业发布相关信息，传递给关注企业的粉丝或通过其他途径获取企业信息的用户，信息获得者发挥守门人的作用，对信息加工（评论）、传播（转发）给他的跟随者（粉丝）或忽略，转发的信息进一步依据该模式传播，实现层级发散传递。评论和转发实现了用户与企业的互动，信息在主体间流动（虚线显示）。

企业微博信息互动传播的一个最大的特点是企业微博处于集团微博社会网络中，即由企业微博与其子品牌、地方分支机构、各组织部门等开设具有独立职能并认证的微博用户形成社会关系网络，见图 3-2 中 F 代表的网络。集团微博成员都是经过认证的，和企业有明确的关系，具有可靠性，在一定程度上代表企业品牌，在传播企业信息过程中起到的作用不同于普通用户。在该模式中，突出企业微博与集团微博成员的社会关系，加强了信息源的传播影响力，微博信息在网络中流动，并通过集团微博成员传播到新的跟随人群（粉丝）中去，进一步拓展了企业微博信息的传播渠道。

3.2.2　企业微博信息互动传播模式中的说服效应

说服效应是指面临说服性信息时，个体态度发生转变并影响其决策行为的一种现象（马向阳，徐富明和吴修良等，2012），例如广告（马志远，2009）、销售互动中（梁静，2010）都蕴含了说服效应。如今，说服效应在网络媒体信息传播中也产生很大影响，微博成为人与人之间交流的一种流行方式，微博信息获得用户的评价或转发都是一种被说服的表现。信息传播的议程设置理论中也强调媒介不能决定人的具体看法，但可以发布信息，影响人们关注什么，具有一定的说服效应。微博是一种自媒体，任何用户都可以是一个媒介，作为信息发布人，虽然不能决定守门人的操作，但是可以发布信息，影响守门人的关注，经过信息传播扩散，达到更多用户处，进而影响更多的人。企业微博作为发布信息的主体，只有通过发布的信息说服信息接收者产生互动，评论或转发企业信息，才能形成企业信息的持续传播，故第 5 章将进行企业微博信息传播的影响因素的研究。

企业微博信息传播中，具有较强的判断力并且活跃程度较高的用户，其评论和转发更具有说服效应，这样的用户被称为意见领袖。"意见领袖"一词是 1948 年由传播学者拉扎斯菲尔德在《人民的选择》一书中首次提出的，他认为意见领袖是指在人际传播网络中表现活跃，经常为他人提供信息、观点或建议，并对其他人施加个人影响的人物。他强调了意见领袖在两级传播模式中具有重要作用，大众传播的信息都是经过意见领袖的中介流向一般个人的。他说的"意见领袖"具有明显的区域型特征，意见领袖的影响力受地理位置的限制（王平和谢耘耕，2012），这也是和当时大众传播相对落后的特征相吻合的。现代社交媒体传播、微博传播中的"意见领袖"因为信息传播技术的发展，已经完全突破了地理的限制，快速而有效地向大众传播信息。此后，越来越多的人开始从不同的方面研究意见领袖的影响，如政治选举中意见领袖的影响（Black，1982），以及市场营销、政策执行、公共事务、外交、医疗、舆论等方面。因此，微博信息传播中，不受地域限制的意见领袖在信息传播中最活跃、最受关注，与其他用户互动多，是信息传播中关键的一环。根据 150 法则可知，社交网络中可以维持强关系的人数约为

150 人，至少 150 个强关系用户会响应。而特殊的用户如名人、传统媒体等，其影响范围却是大大超越了 150 法则，形成社交网络的信息集散地（史亚光和袁毅，2009）。因此，企业在集团微博中培养意见领袖或吸引具有影响力的微博达人评论并转发信息，能加强企业微博与更多的用户互动，促进企业微博信息的传播。

3.2.3 企业微博信息互动传播模式中的集团微博

企业微博的一个特点是以企业微博为中心形成集团式或家族式微博群，企业除了官方微博，还设有子品牌微博、各职能微博、地方分支机构微博、高管微博、职员微博等。集团微博通过相互评论或转发信息形成企业微博信息传播模式（姚杭永，2012）。企业微博信息通过集团微博内部传播后，通过集团微博成员各自形成的关系网传播扩散出去。良好的企业内部传播体系对于企业的发展具有非常重要的意义。员工是企业利用人际关系进行信息传播的人脉基础，是企业微博实现信息扩散的重要渠道。企业信息首先由企业员工进行转发，传递给更多的人，在"圈群"关系的基础上，信息实现再次转发的可能性就得到了提高。

企业内传播有正式渠道和非正式渠道两种，微博使这两种渠道实现一定程度的融合。传统意义上，所谓的正式渠道指信息沿着一定的组织关系在组织内部进行流通。其传播形式分为横向和纵向两种。横向传播互动性强，多用来描述员工之间、平级部门之间的信息传递；而纵向传播具有一定的单向性，根据信息流向，分为下行传播和上行传播。下行传播是将有关方针、政策等信息，自上而下进行传达的过程。上行传播是下级部门或员工向上级汇报情况或提出建议与要求的活动。

新浪微博商务部于 2011 年 6 月 2 日发布研究报告，对新浪微博集团类官方微博信息的传播模式进行了详尽分析，指出了目前企业微博集团类官方微博信息传播模式有：（1）蒲公英式，一个部门协调多个品牌或者子公司，如一个企业微博，该企业下的子品牌子公司各成立微博，每个官方微博下有若干功能独立的微博账号，形成蒲公英式。如 Adidas 企业微博下有跑步、足球、篮球等分类微博，通过转发官方微博信息形成蒲公英式信息传播网络。（2）Hub 式，有一个部门统一制定规则作为中心协调点，其他相关职能部门根据规则各自努力。如围绕企业微博认证的各地域企业微博，形成 Hub 式。（3）双子星式则是企业微博与企业有影响力的高管之间信息互动，进而影响企业信息的传播。集团式和蜂巢式传播模式也是企业微博集团类官方微博信息传播的模式。

目前比较流行的模式是蒲公英式、Hub 式和双子星式，有利于企业统一规划微博平台的利用。分布式则过多依靠内容的新颖、独特，蜂巢式虽然充分利用社会化媒体中的社会网络关系进行信息传播，但是不利于企业统一文化风格。

3.3 苏宁易购集团微博信息互动传播网络分析

随着微博平台的发展以及对微博信息传播的研究，企业利用微博进行信息传播的模式日渐成熟，企业并不只通过一种模式进行信息传播。通过观察一些企业微博，发现企业集团微博日渐壮大，形成多种模式并存的综合模式现状。为了研究现有企业集团微博的形式以及在集团微博中各成员的地位，本书针对某一案例运用社会网络分析的方法来说明。

3.3.1 苏宁易购集团微博用户关注关系分析

作者调查了苏宁易购的集团微博包括企业微博、高管微博、职能微博、微博联盟（按商品分类）、子公司微博（按地域分类）、公司个人微博等，其集团微博构成及传播模式如图 3-3 所示。通过新浪微博平台搜索苏宁易购加 V 认证的用户，共得到 104 个用户，其中高管微博用户 5 个，其利用高管自身影响力，与企业微博互动，形成双子星式传播模式；各职能微博用户 10 个，注重在职能范围内的相关内容的传播，如客服、招聘、用户体验等，形成集团式传播模式；按照不同类别商品认证的微博用户 16 个，如苏宁易购通讯、苏宁易购数码、苏宁易购空调等，形成蒲公英式传播模式；各地域企业微博用户 20 个，如南京苏宁易购、深圳苏宁易购、上海苏宁易购、乌鲁木齐苏宁易购等，围绕苏宁易购官方微博形成 Hub 式传播模式；企业个人微博用户是最多的，通过个人关系网络传播企业信息，呈现蜂巢式传播模式。

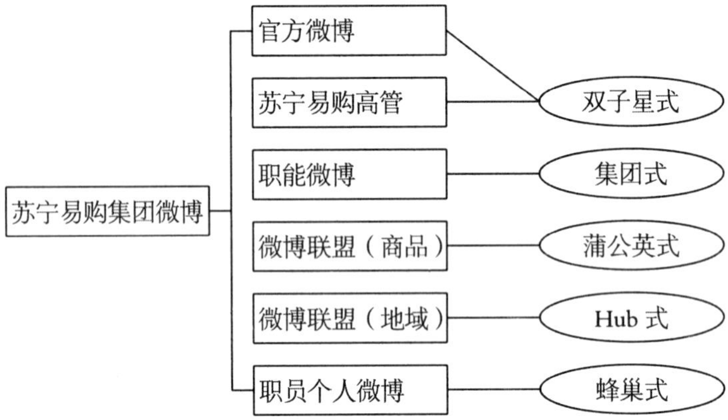

图 3-3　苏宁易购集团微博构成及传播模式

企业微博信息通过企业集团微博能够扩大传播范围，企业信息传播的途径是通过关注企业微博的用户传播，或者通过提到（@用户昵称）的形式将信息传播到特定的用户。分析苏宁易购集团微博之间的关注关系，整理出集团微博成员关注关系矩阵，部分矩阵如表 3-1 所示。利用 UCINET 6.0 软件生成关注网络，如图 3-4 所示。其中单向关注居多，粉丝过 10 万的用户占 13.5%，过万的用户占 30%，在信息传播中具有较大影响力。影响力最大的是苏宁易购官方微博和两位高管微博，粉丝都超过了百万。

表 3-1　　　　苏宁易购集团微博关注关系部分矩阵

Node	v1	v2	v3	v4	v5	v6	v7	v8	v9	v10	v11	v12	v13	v14	v15	v16
v1	0	0	0	0	0	0	0	0	0	0	0	0	0	0	0	0
v2	1	0	0	0	0	1	0	0	0	0	0	1	0	0	0	0
v3	1	1	0	0	0	0	0	0	0	0	0	1	0	0	0	0
v4	0	1	0	0	0	0	0	0	0	0	0	1	0	0	0	0
v5	1	1	0	0	0	0	0	0	0	0	0	0	0	0	0	0
v6	1	1	0	0	0	0	1	0	0	0	0	0	0	1	0	0
v7	1	1	0	0	0	0	0	1	0	0	0	0	0	0	0	0
v8	0	1	0	0	0	0	1	0	0	0	0	0	0	0	0	0
v9	1	1	0	0	0	0	0	0	0	1	0	0	0	0	0	0
v10	1	1	0	0	0	0	0	0	1	0	0	0	0	0	0	0
v11	1	1	0	0	0	0	1	1	1	0	0	0	0	0	0	0
v12	0	1	1	0	0	0	0	0	0	0	0	0	0	0	0	0
v13	1	1	0	0	0	0	0	0	0	0	0	0	0	0	0	0
v14	1	1	0	0	0	0	0	0	0	0	0	0	0	0	0	0
v15	1	1	0	0	0	0	0	0	0	0	0	0	0	0	0	0
v16	1	1	0	0	0	0	0	0	0	0	0	0	0	0	0	0

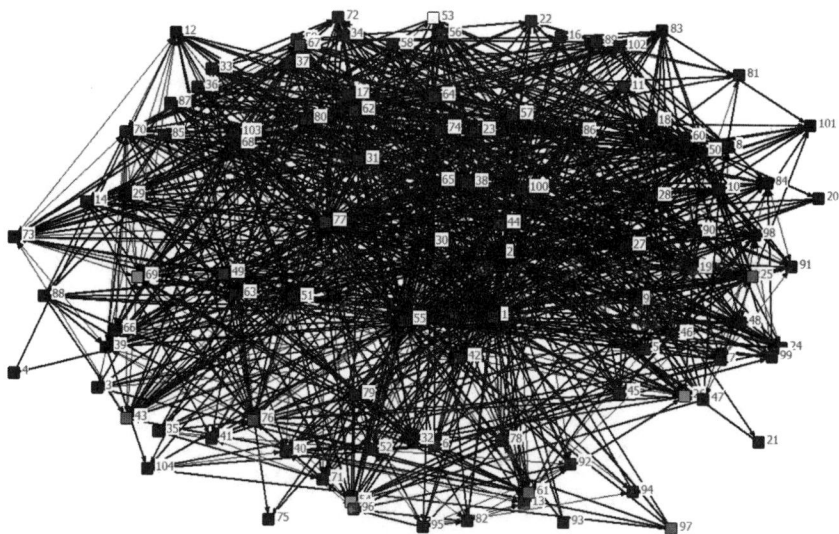

图 3-4　苏宁易购集团微博关注关系图

3.3.2　苏宁易购集团微博用户关注关系网络中心性分析

利用点度中心性和中间中心性能够分析出各节点在网络中发布信息和传播信息的权力和地位，故本研究分析苏宁易购集团微博关注网络的点度中心性和中间中心性。

表 3-2 和表 3-3 显示了各个节点的点入度中心度（InDegree）、点出度中心度（OutDegree），以及对应的相对点度中心度（NrmIndeg、NrmOutDeg）。最大的点出度中心度是 51，说明成员中最多关注该集团中的 51 个用户；最大点入度为 99，说明该成员被 99 个用户所关注，在该网络中处于核心地位。点入度中心度最高的前 10 名成员如表 3-2 所示，这 10 名成员都是企业个人微博，其中 v1 是苏宁易购副董事长孙为民，v2 是苏宁执行副总裁李斌，v55 是苏宁易购产品运营中心常务副总监，都是企业高管微博，他们被大多数成员关注，是传播信息的关键，他们发布信息，其他成员通过关注这些节点的形式获得信息，因此他们是这个微博集团内的意见领袖。

表 3-2   苏宁易购集团微博关注关系网点度中心性分析

Node	OutDegree	InDegree	NrmOutDeg	NrmInDeg
v2	40	99	38.835	96.117
v55	30	89	29.126	86.408
v1	3	86	2.913	83.495
v77	20	71	19.417	68.932
v69	26	32	25.243	31.068
v76	7	32	6.796	31.068
v70	15	29	14.563	28.155
v51	26	28	25.243	27.184
v63	12	25	11.65	24.272
v43	7	24	6.796	23.301

表 3-3   苏宁易购集团微博关注关系网点度中心性描述性统计

	OutDegree	InDegree	NrmOutDeg	NrmInDeg
Mean	13.202	13.202	12.817	12.817
Std Dev	10.165	16.046	9.869	15.578
Sum	1 373.000	1 373.000	1 333.010	1 333.010
Variance	103.334	257.469	97.402	242.689
SSQ	28 873.000	44 903.000	27 215.572	42 325.387
MCSSQ	10 746.760	26 776.760	10 129.852	25 239.664
Euc Norm	169.921	211.903	164.971	205.731
Minimum	1.000	0.000	0.971	0.000
Maximum	51.000	99.000	49.515	96.117

注：Network Centralization（OutDegree）=37.05%

Network Centralization（InDegree）=84.11%

整个网络的点出度标准化中间中心势为 37.05%，点入度标准化中心势为 84.11%，点入度的中心势高于点出度的中心势，说明该网络的总体整合度较高，成员间关注关系十分紧密，关注他人的用户更具有集中趋势，而被关注的用户也有明显的集中趋势。

　　从表 3-4 和表 3-5 中看到，该转发用户关注网络的最大中间中心度是 3 510，最大相对中间中心度是 33.413，最小中间中心度是 0。其中中间中心性较大的前 3 个节点是 v2、v55、v65，说明其他节点获得消息对这 3 个节点的依赖程度较高，这 3 个节点在网络中具有较大的控制权力，能够在很大程度上控制信息的传播流动。整个网络的中间中心势是 32.59%，并不是很高，说明该网络中大部分节点不需要别的节点作为中介就可以得到信息。

表 3-4 　　　苏宁易购集团微博关注关系网中间中心性分析

	Betweenness	nBetweenness
2	3 510.320	33.413
55	1 680.694	15.997
65	475.702	4.528
44	423.465	4.031
77	342.972	3.265
38	340.409	3.240
42	317.190	3.019
69	283.377	2.697
40	276.788	2.635
86	231.699	2.205

表 3-5 　　　苏宁易购集团微博关注关系网中间中心性描述性统计

	Betweenness	nBetweenness
Mean	119.394	1.136
Std Dev	380.779	3.624
Sum	12 417.000	118.190
Variance	144 992.406	13.136
SSQ	16 561 729.000	1 500.482
MCSSQ	15 079 211.000	1 366.167
Euc Norm	4 069.610	38.736
Minimum	0.000	0.000
Maximum	3 510.320	33.413

注：Network Centralization Index=32.59%

从本案例分析中发现，集团微博成员中入度中心性高的节点是高管成员，在发布信息时有较大的权力，在传播信息的时候也有较大的权力，因为高管人员处于决策层，发布信息具有权威性。而企业官方微博以及各职能微博、子品牌微博的点度中心性并不高，在现有集团微博中发布信息的权力并不大，并没有形成以企业微博为中心的信息发布与传播网络。

中间中心度是衡量节点控制信息流动程度的指标，当一个节点的中间中心度较高，则说明它是很多用户之间的桥节点，控制其他节点间的信息流动，该案例中中间中心度高的前 3 个节点，仍然是企业高管微博，其点度中心性也比较高，所以，在集团微博中控制信息流动的节点和在发布与传播信息中具有较大的权力的节点都是高管微博。

通过对该案例的分析，发现现有企业集团微博由各种类别成员综合构成，企业高管微博在发布信息和传播信息中具有较大的权力，是集团微博中的意见领袖，企业官方微博拥有的粉丝数目显示了其更大的吸引力，对于信息传播的广度具有一定的优势。集团微博成员的配合更有利于企业信息的传播。

3.4 企业微博互动传播模式的表现及价值

3.4.1 企业微博互动传播模式的表现

企业微博信息通过企业集团微博转发传播，使微博信息能够以从点到面，再从面到体的形式传播，使传播效果和传播规模呈几何级数放大。

（1）从点到面的传播

首先，企业微博发布代表企业品牌的信息，关注企业微博的用户对信息进行主动筛选，选择后进行评论、转发或忽略，评论信息可以增加信息的信息量，评论并转发，则在增加信息量的同时形成新的一轮传播，传播到该用户的粉丝，进而微博信息被几何式地传播，使信息受到更多网民的关注，达到信息传播和增强吸引力的目的。关注企业微博的用户众多，其中，企业集团微博用户相互关注，更有助于信息的传播。信息从信息源（企业微博）发出，传播到企业的跟随者（粉丝），产生第一级的信息传播，实现了信息由点到面的传播。

（2）从面到体的传播

企业信息通过第一级传播，从信息源这一点发散到所有跟随者（粉丝）的面，随着跟随者（粉丝）的转发，将信息再次传播到各粉丝的跟随者，依次层级传播，实现层级几何式传播，范围和规模呈现从面到体的变化。企业集团微博尤其是高管微博发挥着很大的作用，集团微博成员在一定程度上代表了企业，具有可靠性，通过自身吸引力促进企业信息传播，而且意见领袖在信息传播过程中活跃程度高，具有较大的说服作用。因此，企业培养一定的意见领袖，对信息进行评论转发，对新一轮的信息传播起到很大的作用。

3.4.2　企业微博信息互动传播的价值

分析了企业微博信息互动传播模式及机制后，我们发现微博在企业中的应用越来越普遍和受到重视。由于微博信息短小精炼、传播迅速、易于交互、规模巨大的特点，在企业微博信息互动传播过程中，信息内容扩展以及信息传播的深度和广度都有很大发展，使市场营销的外部坏境得以改变，也改变了企业与用户的交互关系，为企业与企业之间的交互提供了新的平台。

（1）作为企业信息发布的平台，增加企业品牌吸引力，树立企业形象

企业通过微博平台发布信息，信息内容要有利于企业形象，信息通过企业已形成的社会网络迅速、便捷地传播，使获得企业信息的用户及时了解企业动态、产品信息和服务信息等。围绕企业进行各种形式的宣传，在信息传播过程中获得更多的用户关注，增强了企业品牌的吸引力。

（2）通过微博形成的企业社会网络，有利于产品和服务的推广，促进企业与消费者之间的沟通

企业微博的粉丝，即关注企业微博的用户，对该企业的品牌、信息

感兴趣，是企业的目标受众。通过企业微博信息互动传播模式发现，企业通过集团或家族微博，形成庞大的直接或间接的粉丝群体，通过粉丝群体对企业产品或服务信息的评论转发，令信息通过微博形成的社会网络以呈几何级数增长的速度传播，有利于企业的产品或服务的推广。

微博平台除了有利于企业信息的传播，还能成为企业与消费者之间沟通的渠道。通过评论的形式，消费者将对产品或服务的感受反馈给企业，企业能及时掌握产品及服务的市场信息，对产品或服务的改进和创新有促进作用。此外，企业获得用户评论反馈信息，加强与粉丝的互动，在这一过程中，吸引更多的忠诚用户，提升了企业品牌的知名度。

（3）企业充分利用微博意见领袖的两级传播，降低营销成本，有利于危机公关

意见领袖是在信息传递和人际传播网络中有影响力的活跃者，作为大众传播过程中的中介，他们将信息传播给受众，形成信息传递的两级传播。微博意见领袖通常具有众多的粉丝跟随，发布或转发的信息传播面很广。企业微博除了增强自身的吸引力、吸引跟随者（粉丝）、成为意见领袖，也通过集团微博或家族微博分别吸引跟随者（粉丝），获得更多的关注。此外，通过一定的活动，企业微博获得微博中活跃的名人跟随、转发企业发布的信息，拓展企业营销信息传播的宽度和广度，更易受到用户的信任，降低了营销成本。

在企业微博信息传播中，意见领袖的存在促进信息传播，也为企业处理负面信息、进行危机公关增加了新的途径。当企业在市场上出现某些负面信息或发生重大事件时，企业可以利用微博及时快速地发布公关信息，通过意见领袖有效地控制话语主动权，将公关信息通过企业社会网络突破最大的可能范围去传播，使潜在消费者明了整个事件的过程，避免不利事件对企业带来的危害，达到危机公关的目的。企业在传播危机公关信息过程中，通过用户评论分析，实时掌握公众对危机的反应，与用户实时互动，表明企业的态度和立场，根据反应适当调整策略，有效地控制事态的发展。危机公关后期，企业通过发布正面的危机处理结果，并通过社会网络大范围传播，重新塑造企业形象。因此，微博平台是企业进行危机公关的一个有效途径。

（4）微博信息传播迅速和广泛的特点，有利于企业招聘信息的传播，降低招聘成本

企业通过微博发布招聘信息，借助微博的传播渠道，将招聘信息传播到更多的用户中去，扩大了招聘的范围，有利于企业招聘人才，节省了招聘成本，提高了招聘效率。虽然通过微博发布招聘信息，内容的详尽情况受微博字数限制，但是短小精炼的微博有利于用户浏览和转发，并且详细的内容可以以链接的形式发布。因此，微博招聘是企业招聘人才的一种有效途径。

3.5　本章小结

本章的主要任务是在研究企业微博信息互动传播影响因素及信息传播途径之前分析微博互动及企业微博信息互动传播的一般形式，明确企业微博信息互动传播中的主体，进而围绕主体研究影响信息传播的因素及途径。

首先，本章根据互动概念及微博特点，提出了微博互动关系，再根据信息传播模式，结合微博传播特点，提出了企业微博信息互动传播模式。在企业微博信息互动传播模式中引入了守门人这一职能，分析了守门人在信息传播中的作用及信息传播的过程。

其次，本章根据企业微博信息互动传播模式，分析了互动传播中的说服效应，讨论了如何增强说服效果，促进信息的传播。

最后，本章通过分析苏宁易购集团微博用户之间的关注关系的点度中心性和中间中心性，揭示了在企业微博信息传播模式中，高管微博在传播中的领袖地位，总结了企业微博信息互动传播的表现和价值。

第4章 基于社会网络的企业微博信息互动传播途径分析

4.1 微博信息获取和分享途径

在微博平台中，用户可以通过 3 种形式分享和传播信息，如图 4-1 所示。第一种形式是关注某些用户，这样就可以随时查看某些用户即时更新的信息，进而通过转发进行传播与分享；第二种形式是把原创微博分享给关注自己的用户，或者以点对点的方式分享并传播给特定用户（通过@某位用户）；第三种形式是利用微博中的搜索功能，搜索到自己需要或者感兴趣的微博，进行转发分享。孙卫华等（2008）指出微博实行的是半广播半实时交互的机制，使得用户组成多个信息交流与分享的小圈子，突出显示了群体传播。2011 年，80%的美国企业使用社会化媒体工具，社会化媒体在企业中的应用已经提上日程，很多企业注册了官方微博、客服微博等，甚至企业的 CEO 都加入了社会化媒体，直接参与用户互动。本书第 3 章中已经讨论了企业集团微博用户之间的关注关系以及在集团微博用户中信息的发布和传播，指出了高管微博在发布信息和传播信息中具有较高的权力和地位，那么企业高管可以通过自己的知名度为企业微博的信息扩散起到一定的作用。

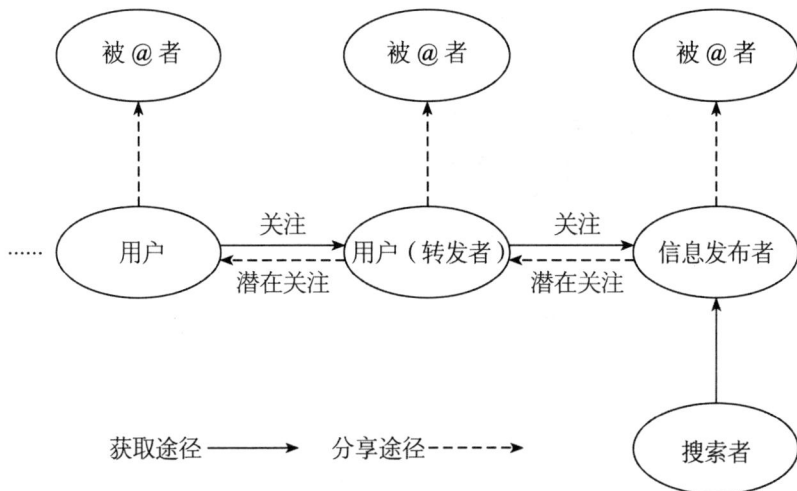

图 4-1　微博信息获取和分享途径

　　企业是信息的发布者，关注企业微博的用户则是信息传播的一个主体，《2012 社会化媒体&社会化营销状况》分析了关注企业微博的用户关注来源及比例关系。如图 4-2 所示，在用户关注来源中，关注人转发占一半以上，广告活动占 35%，宣传品推广占 29%，微博搜索占 27%，朋友推荐占 18%。总的来说，企业信息可以通过直接关注企业微博的用户转发和非直接关注关系这两类渠道获得信息。关注企业微博的用户作为传播信息的主体，其关注关系，对信息传播的影响是一个很重要的研究内容。在企业微博信息互动传播模式的研究中，企业所处的社会网络影响着信息的传播，现在基于一个案例研究企业微博转发用户关注关系的社会网络，因为微博用户关注方向与信息传播方向恰好相反，故研究转发用户关注网络可以分析信息传播的途径。

◆ 企业微博是微博中为用户集中提供服务的优先渠道
◆ 用户的关注链和关系网是拓展企业微博覆盖的关键

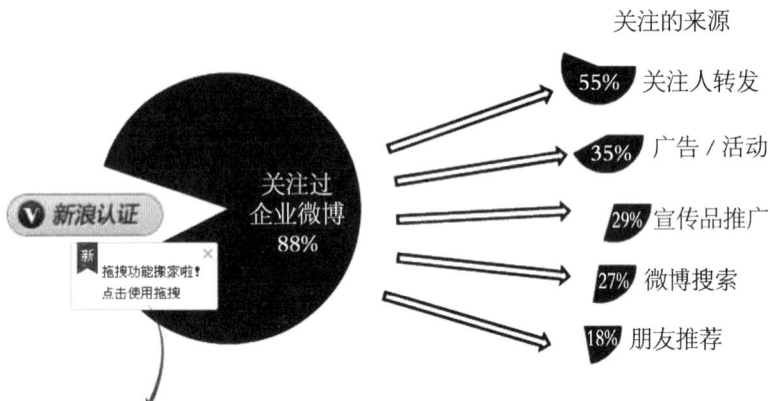

图 4-2　关注企业微博用户来源

资料来源　199IT. 2012 社会化媒体&社会化营销状况 [EB/OL]. [2012-02-10].
http://wenku.baidu.com/link?url=tUNbq6sg8ZR6u9vH9uLakUYIsUdQlqKfnvOoIKaeOdiTxAmJlNYYiR9-
ti-mg2vNN3sgWCyq1EosxteYVTDLE80brdiAWezzCy8CZ-rcR_.

4.2　数据采集与分析

4.2.1　数据采集

在新浪微博中选择一条企业微博信息，查看所有转发该条微博信息的用户之间的关注关系，用社会网络分析法分析企业微博信息传播的途径及各用户在信息传播网络中的地位和作用。

本书选取新浪微博平台上的小米公司官方微博（昵称：小米公司）于 2012 年 6 月 4 日 13 点 44 分发布的一条标签为"小米手机学院"的微博，在 6 月 11 日提取了转发用户基本信息（ID、粉丝数量、关注数量、所属省份、截止到提取当天的微博数），并进一步找出这些用户之间的关注关系，去掉全是 0 的行和列（为了能够显示出全是 0 的行列特征，随机留下 7 个互不关注的用户），构成一个 810×810 阶矩阵。

4.2.2　用户特征分析

该案例中共涉及 1 947 个用户，分类及所占比例见表 4-1。样本用户发微博的数量在一定程度上能体现活跃程度，截止样本收集完成那天，发微博 500 条以上的有 778 人，占 39.96%，100 条到 500 条的人数最多，占 36.31%。

表 4-1　　　　　　　　　样本用户发布微博数量区间表

微博数量区间	人数	百分比
≥1 000	450	23.11%
≥500	328	16.85%
≥100	707	36.31%
<100	462	23.73%

样本成员分布在各个省市，按照省份总结，广东省用户最多，为 497 人，占 24.60%；其次是北京用户 194 人，占 9.96%；浙江 111 人、上海 104 人、江苏 100 人，各占 5% 以上。沿海城市用户微博传播参与度较高，具体数据如表 4-2 所示。

表 4-2　　　　　　　　　转发用户各省份分布表

省份	人数	所占比例（%）	省份	人数	所占比例（%）
广东	479	24.60	陕西	34	1.75
北京	194	9.96	天津	30	1.54
浙江	111	5.70	江西	27	1.39
上海	104	5.34	山西	25	1.28
江苏	100	5.14	黑龙江	21	1.08
福建	88	4.52	海外	20	1.03
其他	86	4.42	云南	18	0.92
湖北	78	4.01	贵州	13	0.67
河南	73	3.75	内蒙古	13	0.67
山东	67	3.44	海南	9	0.46
河北	56	2.88	吉林	7	0.36
四川	54	2.77	甘肃	6	0.31
湖南	51	2.62	新疆	4	0.21
安徽	50	2.57	宁夏	3	0.15
辽宁	41	2.11	香港	3	0.15
重庆	41	2.11	台湾	1	0.05
广西	39	2.00	西藏	1	0.05

如图 4-3 和图 4-4 所示，对比《2012 年企业微博白皮书》中关于企业微博粉丝地域分布的调查，发现虽然这是一个企业微博中的一个小案例，转发用户的地域分布基本符合企业微博总体粉丝的地域分布，即该案例中转发用户注册信息中，广东、北京、浙江、上海、江苏五地的用户所占比例高达 50%。

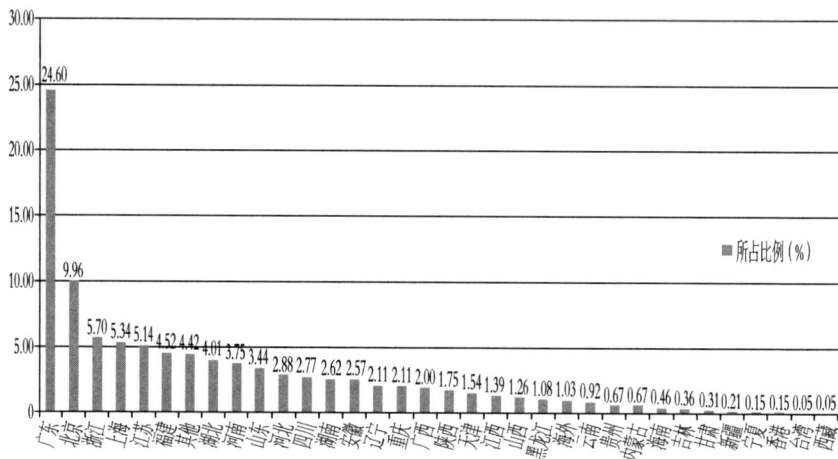

图 4-3　转发用户注册省份分布图

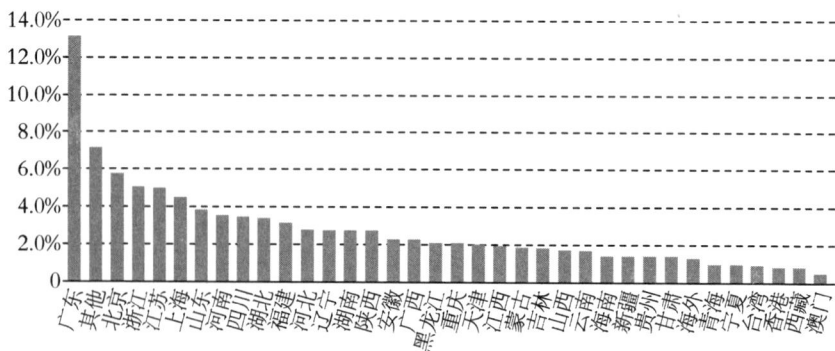

图 4-4　企业微博粉丝地域分布图

资料来源　新浪微博 . 2012 企业微博白皮书[EB/OL]. [2012-03-17].http：//www.eguan.cn/download/zt.php?tid=105&rid=194.

4.3 转发用户关注网络分析

4.3.1 转发用户关注网络图分析

在这 1 947 位用户中，跟踪到这些用户之间，以及用户与小米公司之间的关注关系，列出关系矩阵，去掉全是 0 的行和列（随机留下几行全 0 行列，以求各类数据完整性），得到 810×810 阶矩阵。由于用户 ID 较复杂，为了方便，将用户统一按顺序编号为 v1 到 v810。部分关注矩阵见表 4-3。

表 4-3   部分关注矩阵

	v1	v2	v3	v4	v5	v6	v7	v8	v9	v10	v11	v12	v13	v14
v1	0	0	0	0	0	0	0	0	0	0	0	0	0	0
v2	0	0	0	0	0	0	0	0	1	0	0	0	0	0
v3	0	0	0	0	0	0	0	0	0	0	0	0	0	0
v4	0	0	0	0	0	0	0	0	0	0	0	0	0	0
v5	0	0	0	0	0	1	0	0	0	0	0	0	0	0
v6	0	0	0	0	1	0	0	0	0	0	0	0	0	0
v7	0	0	0	0	0	0	0	0	0	0	0	0	0	0
v8	0	0	0	0	0	0	0	0	0	1	0	0	0	0
v9	0	1	0	0	0	0	0	0	0	0	0	0	0	0
v10	0	0	0	0	0	0	0	1	0	0	0	0	0	0
v11	0	0	0	0	0	0	0	0	0	0	0	0	0	0
v12	0	0	0	0	0	0	0	0	0	0	0	0	1	0
v13	0	0	0	0	0	0	0	0	0	0	0	1	0	0
v14	0	0	0	0	0	0	0	0	0	0	0	0	0	0

关注网络是在转发和评论的用户之间相互间存在关注的关系，如果一方关注另一方，就有一条从一方指向另一方的弧。而信息传播的方向

恰好和关注方向相反。如图 4-5 所示，A 关注 B，则由 A 到 B 有一个有向弧，而信息是由 B 传播到 A。根据关注关系矩阵，利用 NETDRAW 软件绘出关注网络图 4-6。

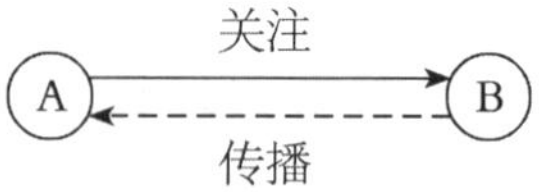

图 4-5　用户关注与信息传播关系

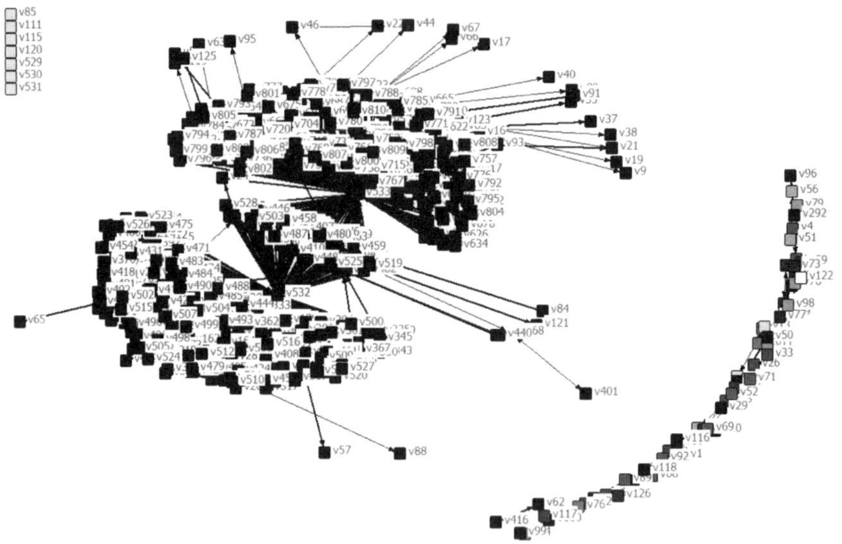

图 4-6　用户关注关系图

图 4-6 中的节点代表转发该微博信息的用户，用户之间的关注关系能够反映出信息传播的起点、过程，用户通过关注企业或其他用户能够看到企业或其他用户信息的更新，然后通过转发，使得关注该用户的其他用户也获得该信息，进而根据意愿是否转发，形成一个由关注关系反映的转发网络。由图 4-6 看出围绕信息源（微博原始信息发布用户）直接进行的信息传播占较大部分，其次是在小团体之间的传播。用户关注关系主要围绕两大用户，这两个核心点分别是 v532（小米公司）和 v533（小米手机），有若干两两关注关系围绕在周围。我们可以通过成分分析法分析节点的构成。

运用 UCINET 6.0 进行密度测量，其连线为 947，该转发成员关注网络的密度仅为 0.0014，是个极为松散的网络，并不是适合信息相互交流的网络，信息传递的途径需要进一步分析。

4.3.2 转发用户关注网络成分分析

对社会网络图的成分分析是指将网络关系图分成若干部分，每个部分的成员之间存在关联，而各个部分之间没有任何关联，这些部分称为成分（component）（刘军，2009）。成分分析可以分为无向关系网络成分分析和有向关系网络成分分析。对于有向关系数据来说，成分可分为"强成分"和"弱成分"。在有向关系网络中，忽略关系的方向得到的成分为"弱成分"，也就是图论中的弱分图。而在一个成分中任何两点之间都存在严格的双向路径的叫"强成分"，即图论中的强分图。一个孤立的节点也代表一个成分。通过成分分析，可以找到凝聚子群，是最简单的凝聚子群分析形式，整个图由若干个成分构成，每一个成分都是一个子图，子图中任何两点都可以通过一定的途径相连。

（1）弱成分分析

首先进行弱成分分析，得到结果如表 4-4 所示。

表 4-4　　　　　　　　**转发用户关注网络弱成分分析结果**

成分	节点数	成分所占比例
1	2	0.002
2	745	0.920
3	2	0.002
4	2	0.002
5	2	0.002
6	2	0.002
7	2	0.002
8	2	0.002
9	2	0.002
10	2	0.002
11	2	0.002
12	2	0.002

成分	节点数	成分所占比例
13	3	0.004
14	2	0.002
15	2	0.002
16	2	0.002
17	2	0.002
18	2	0.002
19	2	0.002
20	2	0.002
21	2	0.002
22	3	0.004
23	2	0.002
24	2	0.002
25	2	0.002
26	2	0.002
27	1	0.001
28	2	0.002
29	2	0.002
30	2	0.002
31	1	0.001
32	1	0.001
33	1	0.001
34	1	0.001
35	1	0.001
36	1	0.001

从结果上可以看到，弱成分共36个，按照成分的大小分为4种，

成分大小与节点数如表 4-4 所示，由一个节点构成的成分有 7 个，两个节点构成的成分有 26 个（52 个节点），3 个节点构成的成分有 2 个（6 个节点），745 个节点构成一个巨大的成分。连接形式如图 4-7 所示。由 745 个节点构成的巨大成分，充分体现了微博传播的点到面的特点，而若干小的成分体现了用户自发分散进行的裂变式的传播。

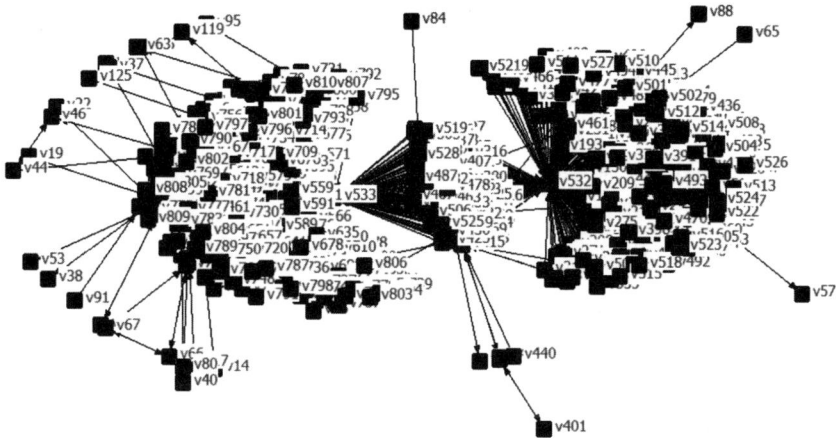

图 4-7　最大成分节点关系图

　　成分大小为 1 的为孤立节点，即和任何节点都不存在关注关系的节点。在处理关注矩阵之初，去掉了多数孤立节点（即矩阵的行和列全为 0），随机保留了 7 个孤立节点作为代表。微博中关注一个用户，就能自动获得关注用户的信息更新，即信息的一种来源。孤立节点表明该节点用户并不关注任何用户，不能通过关注的形式获得用户更新的信息，这也说明其获取信息是通过另一种方式即通过非直接关注的形式。该样本中，孤立节点共有 1 144 个，占全部样本的 58.76%，这些孤立节点并没有全部加入矩阵（见表 4-5）。

表 4-5　　　　　　　　　**转发用户关注网络成分节点分布表**

成分大小	节点数	全部用户比例
1	7（1 144）	58.76%
2	52	2.67%
3	6	0.31%
745	745	38.26%

　　成分大小为 2 的成分，表明两两用户之间至少存在一个关注关系，并且这些节点并不直接关注信息源用户，故这些用户中至少二分之一用

户是通过非直接关注的形式获得信息。这样的成分共有 26 个，由 52 个节点构成，占样本全部节点的 2.67%。观察发现这些用户两两之间或者单向关注，或者相互关注。

成分大小为 3 的成分仅有 2 个，共 6 个节点，即 3 个节点间存在单向或相互关注关系，这 6 个节点也不直接关注信息源用户，则该转发信息的获取也是通过非直接关注的形式。

最大的成分如图 4-7 所示，由 745 个节点构成，占全部节点的 38.26%，其内核中有两个高度被关注的节点 v532 和 v533（小米公司和小米手机），v532 是信息源，v533 则是其公司集团微博中的一员。与这两个主要节点相关的用户分类数量如表 4-6 所示，302 个节点只关注 v532，304 个节点只关注 v533，共同关注二者的有 117 个节点，则这个最大成分中间接关注二者的节点只有 32 个。通过成分分析发现，信息从信息源第一次直接传播仅占 20% 左右，在第二级传播中集团微博成员起到很大的作用，占传播总数的 15.61%，集团微博成员借助企业品牌的源吸引力，形成了转发用户的关注网络，用户关注其微博，获取信息来源，同时也产生一些间接关注，形成一个大的子网络。这一成分说明了转发信息的另一种获取方式，通过直接关注信息源或者通过关注转发信息的用户获取信息。

表 4-6 用户分类人数及比例表

用户分类	人数	所占比例
只关注小米手机	304	15.61%
只关注小米公司	302	15.51%
两者共同关注	107	5.5%
合计人数	713	36.62%

去掉最大成分中直接关注 v533 和 v532、节点入度为零的点，得到图 4-8 所示的最大成分中的主要关系网，由网络图可以看到，围绕信息源及信息源同一集团的节点形成的一个关注网络，信息的传播方向恰

和关注方向相反。在这个主要网络中，信息的传播，由信息源到转发者之间的直径最多为3，也认证了 Haewoon（2010）研究的结果：对于扩散范围的分析表明，几乎所有的扩散层级（hops）小于6。同时该案例中，由于企业微博信息的特性，信息传播最大深度为3，企业可以通过关注3层用户发展潜在客户。

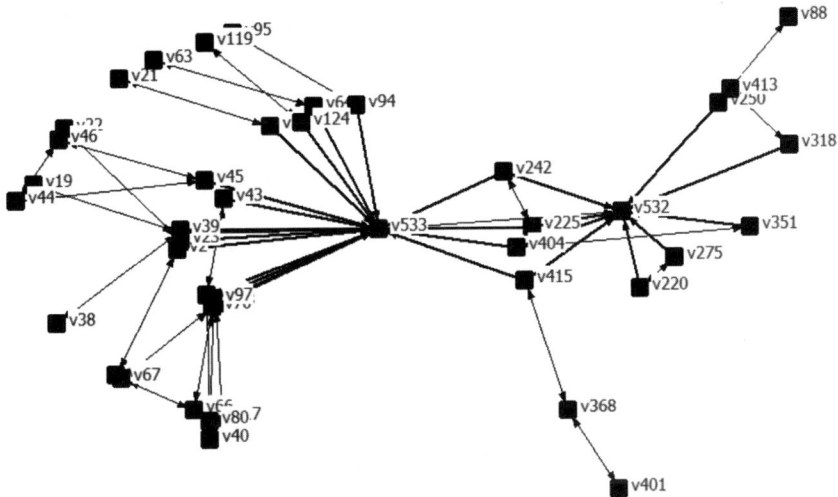

图 4-8　最大成分主要关系图

通过 UCINET 6.0 软件标记出相互关注的连线，如图 4-8 所示，加粗的双向箭头线段表示相互关注，这个转发用户关注网络中最大的成分中的主要网络是紧密的，相互关注的用户主要集中在距信息源二层以内。

（2）强成分分析

通过弱成分分析，我们发现了转发用户关注网络中的最大关注子网，信息的获得与信息的传播方向是相反的，信息的获得方向是单向的，故弱成分分析能够反映很多的信息，强成分分析则可以发现网络中的强关系网络，本例中可以发现相互关注网络。对转发用户关注网络进行强成分分析，共得到 767 个强成分，分析各个节点后发现，该网络中相互关注的节点只占 4.99%，故每个独立节点作为一个强成分。其中包含两个成员的强成分有 33 个，包含 3 个或以上成员的强成分有 5 个，见表 4-7。

表 4-7   **3 个或 3 个以上成员的成分组成**

1	v40	v41	v43
2	v44	v45	v46
3	v66	v67	v70
4	v68	v69	v71
5	v368	v401	v415

通过以上分析发现，由企业发布信息后，所有转发用户之间的异质性高达 99%，信息的传播是通过单向的关注关系进行的，主要在弱关系间进行传播，只在很小的强关系范围内进行传播。美国社会学家格兰诺维特（Mark Granovetter）提出"弱关系的强势"（strength of weak tie）假设。格兰诺维特认为，弱关系倾向于连接与行动者本人具有较高异质性的人群，充当了沟通不同群体的"关系桥"，容易在不同的团体间传递非重复性的信息，拓展了信息的传递范围，能达到较好的传播效果。因此，这也从例证上证明了强关系并不能促进信息的转发。

4.3.3 转发用户关注网络中心性分析

（1）点度中心性分析

利用 UCINET 6.0 软件，计算出转发关注网络的点度中心性及点度中心势，表 4-8 显示了点入度中心度降序排列的前 20 个节点。

从各个节点的点入度中心度（InDegree）、点出度中心度，以及对应的相对点度中心度（NrmInDeg、NrmOutDeg）中可以看出最大的点出度中心性是 3，说明成员中最多关注 3 个用户，故没有较大的相互关注网络。最小点出度中心性为 0，说明存在用户并不关注任何用户，则信息获得的途径是非直接关注形式。点入度中心度最高的前 3 名成员是v533、v532 和 v402，这几名成员是网络的意见领袖，他们被大多数成员关注，是传播信息的关键，他们发布信息，其他成员通过关注这些节点获得信息。其中 v532 是该案例中的信息发布者，v533 是其集团微博成员，故信息传播中的关键点是信息发布者以及和信息发布者有联系的集团成员。点入度中心性不为 0 的成员，则作为信息传播者及中介，点入度为 0 的成员作为信息传播者。

表 4-8		转发用户关注网络节点点度中心性		
Node	OutDegree	InDegree	NrmOutDeg	NrmInDeg
v533	1	412	0.124	50.927
v532	1	410	0.124	50.680
v402	3	9	0.371	1.112
v342	2	3	0.247	0.371
v70	3	2	0.371	0.247
v45	3	2	0.371	0.247
v41	3	2	0.371	0.247
v67	2	2	0.247	0.247
v44	2	2	0.247	0.247
v46	2	2	0.247	0.247
v368	2	2	0.247	0.247
v66	2	2	0.247	0.247
v69	2	2	0.247	0.247
v404	3	1	0.371	0.124
v242	3	1	0.371	0.124
v415	3	1	0.371	0.124
v225	3	1	0.371	0.124
v18	2	1	0.247	0.124
v2	2	1	0.247	0.124
v36	2	1	0.247	0.124

如表 4-9 所示，整个网络的点出度标准化中间中心势为 0.227%，点入度标准化中心势为 50.845%，由于这个网络是用户之间的关注网络，故主要考察点入度中心势。点入度标准化中心势 50.845%，表明该网络的总体整合度为中等程度，成员间关注关系为中等紧密，被关注的用户有明显的集中趋势。

表 4-9　　转发用户关注网络节点点度中心性描述统计表

	OutDegree	InDegree	NrmOutDeg	NrmInDeg
Mean	1.169	1.169	0.145	0.145
Std Dev	0.482	20.396	0.060	2.521
Sum	947.000	947.000	117.058	117.058
Variance	0.232	415.997	0.004	6.356
SSQ	1 295.000	338 065.000	19.787	5 165.391
MCSSQ	187.828	336 957.844	2.870	5 148.474
Euc Norm	35.986	581.434	4.448	71.871
Minimum	0.000	0.000	0.000	0.000
Maximum	3.000	412.000	0.371	50.927

注：Network Centralization（Outdegree）=0.227%

Network Centralization（Indegree）=50.845%

（2）中间中心性分析

利用 UCINET 6.0 软件，计算出转发关注网络的中间中心性及中间中心势，表 4-10 显示了中间中心度降序排列的前 10 个节点。

表 4-10　　　　　　转发用户关注网络节点中间中心性

	Betweenness	nBetweenness
v533	322.000	0.049
v532	301.000	0.046
v402	15.000	0.002
v41	4.000	0.001
v70	4.000	0.001
v368	4.000	0.001
v415	4.000	0.001
v45	4.000	0.001
v16	2.000	0.000
v69	2.000	0.000

从表 4-10 和表 4-11 中看到，该转发用户关注网络的最大中间中心度是 322，最大相对中间中心度是 0.049，最小中间中心度是 0。其中中间中心性较大的前 3 个节点是 v533、v532、v402，说明其他节点获得消息对这 3 个节点的依赖程度较高，这 3 个节点在网络中具有较大的控制权力，能够很大程度上控制信息的传播流动。整个网络的中间中心势是 0.05%，非常低，说明该网络中大部分节点不需要别的节点作为中介就可以得到信息。

表 4-11　　　转发用户关注网络节点中间中心性描述统计

	Betweenness	nBetweenness
Mean	0.857	0.000
Std Dev	15.479	0.002
Sum	694.000	0.106
Variance	239.586	0.000
SSQ	194 659.500	0.005
MCSSQ	194 064.891	0.005
Euc Norm	441.202	0.067
Minimum	0.000	0.000
Maximum	322.000	0.049

注：Network Centralization Index = 0.05%

4.4 结果讨论

该案例是随机选取的一条企业微博信息的所有转发用户形成的关注网络，信息传播的方向恰好与关注的方向相反，通过 UCINET 6.0 软件对该关注网络矩阵形成可视化网络图，进行密度分析、成分分析及中心性分析。

①密度分析，发现该转发用户关注网络是一个松散的网络，信息不适合在该网络中相互交流，即该信息传播并不是在一个强关系的小网络中传播，企业信息获得关注并转发并不局限于一个围绕企业的强关系网络，而是发散的网络，说明弱关系有利于信息的传播。研究同时发现用户获取信息的途径并不仅仅是通过直接关注企业微博获取，更多的转发是由非直接关注企业的用户进行，且搜索和话题推荐是非直接关注的用户获取企业微博信息的有效形式。故企业如何将信息通过推荐的形式获得用户关注转发，或者通过搜索的形式使用户获取信息，是企业微博致力研究的问题。

②对该转发用户关注网络进行成分分析，按照成分大小分类，共有 4 种成分。其中成分大小为 1 的是由孤立节点构成的，即这些节点不关注任何用户，其入度和出度都为 0。该样本中孤立节点占全部样本节点的 58.76%，即该案例中近 60%的转发用户获取信息并不是通过关注直接或间接的信息源，信息获得途径是非直接关注形式。成分大小为 2 和 3 的成分仅由 58 个节点构成，占全部样本的 3%左右，这些节点中两两用户之间至少存在一个关注关系，并且这些节点并不直接关注信息源用户，即与最大成分是分离的，故这些用户中至少二分之一的用户是通过非直接关注的形式获得信息。根据微博传播过程，获取微博的另一种途径是信息搜索——搜索信息源用户或者直接搜索相关信息。因此，企业通过微博平台发布信息并扩大影响、促进信息的传播，需要提高企业影响力，通过一定的方式，如话题形式，进入微博用户推荐排行，吸引其他用户的关注。另外，企业发布微博，为每条微博设置适当的关键字话题标签，便于其他用户对相关微博进行搜索。

最大的成分由以小米公司（v532）和小米手机（v533）两个节点为中心的 745 个节点构成，占全部节点的 38.26%。这两个节点被转发成员高度关注，其中 v532 是信息发布者，v533 则是其公司集团微博中的一员。v533 转发了该信息，借助企业品牌的源吸引力形成了转发用户的关注网络，用户关注其微博，获取信息来源，同时也产生一些间接关注，形成一个大的子网络。这个成分由两部分构成：一部分是直接关注信息源及家族微博的用户，占这一成分成员的约 94%；另一部分是通过关注企业微博进行网络传播的直径不超过 3 的子网络，仅占该成分的 6%。通过这一成分分析，可以得出企业微博信息传播的另一主要途径是通过企业微博以及和官方微博相联系的集团微博的吸引力，由粉丝数量体现，企业应该大力发展集团微博，通过集团微博成员的转发，可以使同一信息扩大信息传播渠道，在信息传播过程中增强企业吸引力。另外，研究发现在企业微博信息传播过程中，由信息源到转发者之间的层次最多为 3。而 Kwak，Lee 和 Park（2010）的研究表明几乎所有的扩散范围的扩散层级小于 6，没有超出 11，并且基于社交网络的六度分隔理论，通过朋友的朋友不断扩展而形成一个伞状的社会化网络，每一层级不超过 6，但是多个层级逐层传播，传播的方向呈网状发散（史亚光和袁毅，2009）。这里可能由于企业微博信息的特性，信息传播最大层级深度为 3，因此企业可以通过关注 3 层用户发展潜在客户。

强成分分析发现，由企业发布信息后，所有转发用户之间的异质性高达 99%，信息的传播是通过单向的关注关系进行的，主要在弱关系间进行传播，只在很小的强关系范围内进行传播，也从例证上证明了强关系并不能促进信息的转发。

③点度中心性代表的是某个节点发布信息的权力或获取信息权力的大小。企业微博转发用户关注关系中，入度中心性高的节点受较多其他用户的关注，说明它在发布信息时有较大的权力，而信息传播的方向，恰好和关注的方向相反，那么入度中心性高的节点在传播信息的时候也是有较大的权力。企业微博信息传播网络中发布信息权力高者为企业微博及其集团微博成员，发展企业微博应同时注意集团微博成员的平衡发展，更能促进信息的传播。

④中间中心度是衡量节点控制信息流动程度的指标，当一个节点的中间中心度较高，则说明它是很多用户之间的桥节点，控制其他节点间的信息流动。经分析发现中间中心度高的前 3 个节点，除了信息发布节点外，还有集团微博成员小米手机，以及 MIUI 答疑助手。MIUI 答疑助手是关注该企业微博的活跃用户，围绕小米手机系统出现的问题进行答疑，是和小米公司高度相关的微博，其点度中心性也比较高。所以，控制信息流动的节点是和信息源用户高度相关的用户，而且具有较高点度中心性，在发布与传播信息中具有较大的权力。

4.5　本章小结

本研究利用一个案例研究企业微博发布的一条信息转发网络情况，对转发用户之间相互的关注关系形成的矩阵，进行社会网络分析，发现关注网络是一个松散的网络结构，揭示了影响信息传播的两个因素——话题和源吸引力，并且发现信息源以及和信息源相关的集团微博的点度中心性和中间中心性都比较高，在信息发布和信息传播中具有较大的权力，与第 3 章中企业微博信息传播模式中集团微博角色作用分析相呼应。因此，企业为了促进信息传播，应该扩大源吸引力，同时大力发展集团微博成员。扩大集团微博成员的吸引力，有利于官方微博的信息传播，发展与企业相关的微博活跃用户同样能促进信息的传播。

本章的分析发现话题和源吸引力（粉丝数量）对微博信息传播（转发）有影响，在第 5 章"影响微博信息传播因素"中将进一步验证。

第5章 基于说服理论的企业微博信息 互动传播的影响因素研究

5.1 说服理论

5.1.1 说服效应

说服效应是指面临说服性信息时，个体态度发生转变并影响其决策行为的一种现象（马向阳，徐富明和吴修良等，2012）。说服效应在很多领域出现，如政治选举、消费、广告等，许多学者也致力于说服效应在各领域应用价值的研究。Kim 等研究了说服效应在政治选举中的影响（Kim，Rao 和 Lee，2009），马志远研究了说服理论在广告中的运用（马志远，2009），梁静研究了说服应对在销售互动中的效果（梁静，2010），Chung 和 Trivedi（2003）则研究了性别与友好说服对纳税中抱怨行为的影响。如今，说服效应在网络媒体信息传播中也产生很大影响，微博成为一种人与人之间交流的流行方式，研究微博信息传播的影响因素（Liuzhiming，Liulu 和 Lihong，2012）也是说服理论的一个重要应用。

说服效应的四个主要理论模型包括双加工模型（ELM）、启发式-系统式模型（HSM）、自我功效理论以及新发展的联想—命题过程评价模型（APE）。本论文根据实际需要，选择对比了 ELM 和 HSM 两个双加工理论模型来进行说明。说服效应受到很多因素的影响和制约，这些影响和制约因素会对说服应对理论在实际领域的应用效果有增强或削弱的作用。信息源的可信度和吸引力、信息的数量和框架、社会网络、事件卷入度等是影响说服效应的主要因素，因此企业应针对这些影响因素，找到合理有效的应对策略。

5.1.2 说服效应双加工理论

（1）精细加工可能性模型（ELM，the elaboration likelihood model）

精细加工可能性模型（ELM）可以作为一个试图解释和预测影响态度的变量的说服理论模型。模型的基本推力是在指定的条件下，如一个人可能会精心关注消息，考虑消息中提到的优点，进而影响态度的改变。精细加工可能性模型（ELM）通过两种途径从消息中精心提出影响态度的因素：中心路线和边缘路线（Petty 和 Cacioppo，1979）。

中心路线（central route）指个体具有较高的独立思考的可能性，通过详细的思考加工过程，仔细审查信息论据和其他相关线索；边缘路线（peripheral route）则是指在个体没有精细考虑信息的动机和能力情况下，信息的改变通过便捷、快速的路径发生。ELM 双加工过程的产生依赖于个体精细加工信息的动机和能力（Petty 和 Cacioppo，1986）。具有较高的精细加工信息动机和能力的是中心路线，动机和可能性低的则作为边缘路线，也就是说一个既定变量能够在不同的精细可能性水平下（高—低）通过不同的心理加工过程影响态度改变（Pierro，Mannetti 和 Kruglanski 等，2004），具有不同的说服效应。

ELM 强调了说服信息中的中心线索和边缘线索的影响，体现了信息接收、态度或行为改变的过程。如果个体具有精细加工信息的动机和能力，就会对信息进行精细组织，提取中心线索。如果说服信息理由充分、数据确凿、逻辑性强，可以作为论据，个体就会被说服，反之则不会。如果个体没有精细加工信息的动机和能力驱动，那么边缘线索就会代替需要精细组织加工而形成的态度反应。以网络购物为例，如果个体本身对通过网络所要购置物品的信息性能非常熟悉、掌握充分，则主要靠自身对信息精细加工找到中心线索，如性能上的优势作为中心线索影响程度更大，而广告信息明星代言等边缘线索对购买态度影响就小；反之，如果个体本身缺乏物品信息，那么就会受到边缘线索的影响。因而采用中心线索主要受说服论点的影响，而采用边缘线索则主要受情境等辅助性特征的影响。

（2）启发式−系统式模型（HSM，the heuristic systematic model）

启发式−系统式模型认为个体态度受启发式和系统式线索的影响，加工的努力程度由个体的动机与能力决定（Chaiken 和 Eagly，1989）。不同于 ELM 的中心线索和边缘线索，系统式加工要求个体对所有潜在相关的信息都进行审慎的加工，从而形成态度判断，而启发式加工则比 ELM 中边缘路线加工更为具体，并受"最小认知努力原则"（principle of least cognitive effort）的指导。

HSM 是一个被普遍认可的通信模型，试图解释人们如何接收和处理有说服力的信息。HSM 和 ELM 共享许多相同的概念和理论，然而，ELM 通常被用于具有说服力的沟通建模，而 HSM 适用于广泛有效地寻求上下文（Chaiken 和 Eagly，1989）。根据 Zhang 和 Watts（2008）的主张，HSM 能更广泛、适当地解释个人在在线社区背景下的信息处理行为。

在 HSM 中有两个信息处理模型：启发式处理和系统式处理。启发式处理使用一些信息线索，例如简单的决策规则、认知启发式方法，或所学的知识结构，以达成评估可用的信息的结论（Todorov，Chaiken 和 Henderson，2002）。例如，线索来源可信度可能触发该规则"信誉意味着正确性"，导致消息接收者必须顺利地评估从一个更可靠的来源接收到的信息的有效性（Chaiken 和 Eagly，1989）。启发式信息处理不会自动发生，它依赖于认知的可用性、消息相关的启发式方法，从记忆或情景线索激活或访问（Petty 和 Cacioppo，1986）。如果这些条件没有得到满足，讯息接受者无法启发式地处理消息。系统式处理是 HSM 中的另一种信息处理模式。在系统处理中，一个消息接收者检查所有相关的信息片段相关性和任务重要性，以形成最终的决策（Chaiken 和 Eagly，1989）。成功的系统处理需要动机、能力及足够的认知资源

（Eagly 和 Chaiken，1993）。个人在有足够的动机、能力及认知资源时才系统地处理信息（Zhang 和 Watts，2008）。比起启发式处理，系统式处理通常需要更多的努力和更多的资源（Chaiken 和 Eagly，1989）。启发式和系统式处理过程可能独立发生，它也可能同时发生（Chen，Duckworth 和 Chaiken，1999）。当条件与系统化和启发式处理相符时，HSM 认为两个处理模式可以同时发生（Zhang 和 Watts，2008）。

ELM 和 HSM 模型存在共同之处，都将对信息的加工看作是一个续谱，加工的深入程度由个体的动机和认知能力所决定。当人们进行信息加工的动机和能力水平较低时，通常是边缘路线或启发式起作用；动机和能力水平较高时，个体进行的是核心路线或系统式加工。同时，两种模型都强调这两个不同的加工方式以互动的方式影响个体的态度改变。双加工理论能够对影响说服效应的大部分变量进行很好的解释，提出令人信服的理论框架，很多学者在其研究中均用双加工理论对其研究成果进行阐述，这说明双加工理论作为说服效应的心理机制，已经得到普遍的认可。

5.1.3 说服效应影响因素

从说服效应的双加工理论阐述中发现，接收者根据信息处理结果形成的态度也就是说服效果，说服效果按照信息发送者的预期改变得越多，说服效果越好；改变得越少，说服效果越差。根据说服传播模型，影响说服效应的包括信息源、信息、信息接收者、情境因素几个方面（Lyttle，2001），其中信息源包括信息源的专业性、可靠性及吸引力；信息包括信息论据和质量、信息所包含的情感等；信息接收者及情境因素包括社会网络及事件卷入度等（马向阳，徐富明和吴修良等，2012）。

（1）信息源的影响

企业微博信息传播过程中，信息源的影响主要指的是企业微博用户的影响。从信息接收者的视角考虑，企业微博用户的影响主要是其可观察特征，即能够直接被信息接收用户感知的特征，这主要归结为：可靠性、专业性和吸引力。

影响说服效应的一个重要因素就是信息源的可信度，Kelman 于

1961 年就提出了信息源越可靠越能更好地改变他人的态度。信息源的可信度包括源专业性和源可靠性，源专业性指能够提供有效的说服性信息的能力；源可靠性指能提供说服性信息的精确程度。源专业性和源可靠性越高，信息源的可信度越高，信息源发出的信息的说服效应也就越强。如 Liuzhiming，Liulu 和 Lihong（2012）用可靠性和信息源专业性作自变量，以微博信息转发数量作为因变量进行实验研究。结果表明，信息源的可靠性和专业性对信息转发有正向影响。除了专业性与可靠性之外，吸引力也是信息源可信度的构成要素。如 Patzer（1983）的研究发现，信息源的吸引力高，被认为更具有专业性，则个体对该信息源的信任接受度上升。Liuzhiming，Liulu 和 Lihong（2012）对微博信息转发的研究也表明了信息源的吸引力正向影响信息转发。

当然在不同条件下，也有很多研究者得出不同的结果，如源可靠性与说服效果正相关、不相关以及负相关的结论（Sternthal，Dholakia 和 Leavitt，1978），这是因为信息源可靠性通过影响被说服者的认知来间接影响说服效果，因此当被说服者的特征变化时，影响效果也有所不同（梁静，2010），但是信息源可信度中信息源可靠性、专业性和吸引力都是影响说服效果的重要因素。

（2）信息的影响

信息中的论据和数量、信息情绪框架都能对说服效果造成影响。

①信息论据和数量

信息数量能够直接影响说服效果（Slater 和 Rouner，1996），说服信息内容越多、信息量越大，就越有说服力，对接收者的影响就越大（Wiener，LaForge 和 Goolsby，1990）。Maddux 和 Rogers（1980）用实证研究的方法研究了信息论据对说服效果的影响，指出不管信息源专业性强弱、吸引力有无，支持性论据都能够提高说服效果。同样，论据的数量越多，对说服效果产生的影响越大、说服效果越好（Cacioppo 和 Petty，1989），这就是简单的重复效应，"三人成虎"就是这个效果。另外，正反两方面的论据要比一方面的论据更加可信，更能促进说服效果（Pechmann 和 Esteban，1993）。

②信息情绪框架

信息情绪框架是指以积极或消极的框架对相同的客观信息进行不同的表述。研究表明，尽管客观信息是相同的，但是积极或消极框架的不同呈现对个体具有不同的说服效应。有关信息框架效应的研究有两种结果，一种是损失的消极框架比获益的积极框架具有更强的说服效应，另一种是某种情境中积极框架比消极框架更具有说服效应。例如在以说服女性参加胸部检查为例的研究中，信息强调不参加胸部自我检查的人将很难提前发现肿瘤进而会失去更好的治疗的，说服力强于强调经常参加胸部自我检查会得到更好的治疗机会（Meyerowitz 和 Chaiken，1987）。而在个体纳税问题研究中，当信息强调的是不充足的税收预算给国家和公民带来的危害时比强调充足的税收预算给国家和公民带来好处更能说服个体纳税、促进纳税意愿的增加（Kirchler，Hoelzl 和 Wahl，2008）。另一种积极框架比消极框架更具有说服效应的研究，如在说服大学生减少过度饮酒行为的研究，发现在积极框架下的劝说比消极框架下的劝说更有效，更能减少大学生的过度饮酒行为（Gerend 和 Cullen，2008）。

信息所具有的情绪框架即信息中论据所具有的情感意蕴，也能影响说服效应，会和个体情绪有一定的匹配。如有研究者从个体情绪状态和信息所具有的情绪框架的匹配角度对说服效应进行研究（DeSteno，Petty 和 Rucker 等，2004），发现个体处在悲伤状态时，更容易被有悲伤情感意蕴的信息所说服，这也表明了个体情绪与信息的情绪框架的匹配更具有说服效应。也有学者从动机的角度对说服效应中情绪的作用进行研究（Sinclair，Moore 和 Mark 等，2010），得出了不同的观点，他们发现有积极情感的个体会对有积极快乐属性的信息论据进行精细加工，而不是仅受边缘线索信息的影响。

（3）接收者的影响

接收者的自身特征对说服效果的影响则反映了个体差异，也就是说，不同的个体面对同样的信息，因为个体差异，会形成不同的态度。从心理学角度，接收者方面有多种因素影响说服效果，如倾向、事件卷入度、个体自身行为、权力主义、武断、压制／易感状态、记忆中态度信息的提取、自我监督、确定性倾向、对不同刺激物的倾向、控制中心、沮丧、理解力、认知需求和年龄以及接收者的自信、自尊、调节定向等因素。然而从营销研究视角来看，这些影响因素在很大程度上具有重叠性，并且不同因素之间具有一定的关联，因此可以对其归类，这主要包括四类：情绪、倾向、知识和能力、事件卷入度。

①情绪

个体具有的情绪对人们接受说服信息并进行行为时有很大的影响，情绪在说服应对中的作用成为研究者研究的热点。先前的研究已经揭示处于积极情绪下的个体不会深入精细加工说服性信息，此时边缘线索信息就会对个体具有更强的说服效应；而处于消极情绪下的个体则会深入加工信息，包含强论据的中心诉求具有更强的说服效应（Schwarz 和 Clore，1996）。但是以往研究简单地将情绪分为积极情绪和消极情绪，这种简化的分法，使得研究说服效应影响因素受到局限。其实消极情绪和积极情绪自身也包含不同的成分，例如消极情绪中包含悲伤、愤怒和厌恶等成分。前面说到信息框架时，提到个体情绪状态与信息的框架相匹配会对说服效应产生更大的影响（DeSteno 和 Petty，2004），即表明个体情绪与信息的情绪框架的良好匹配具有更强的说服效应。

②信息接收者倾向性

信息接收者倾向性指在个体接受信息之前，对信息源及信息是否信任的一种倾向。如初始倾向、确定性倾向、对不同刺激物的倾向、调节定向等，但这都表达了个体对说服信息的一种初始预期，对其行为具有导向作用。如果个体信任的倾向较强，那么在其信息加工过程中，会相信相关信息中的内容，从而产生态度改变。而如果个体所持有的怀疑（或预防）的倾向较强，那么在信息加工过程中，会质疑相关信息描述，甚至会对说服信息产生抵制心理，因此达到好的说服效果的难度也会加大。

③信息接收者的知识和能力

体现信息接收者能力的因素有很多，如记忆中态度信息的提取、控制中心、理解能力、认知需求、自我监督、自信等等，这些因素体现了信息接收者加工及处理信息的能力以及依靠自身拥有的知识作出判断的能力。一般而言，信息接收者信息分析能力越强，对说服信息质量的要求就越高，从而对信息源可靠性的要求就越高，缺乏足够论据的信息是无法说服这样的信息接收者的。但也有研究表明，源可靠性越高，其对知识能力较低的人影响越大，而对高认知的人却没什么影响（Kaufman，Stasson 和 Hart，1999）。

④信息接收者卷入度

卷入度指的是接收者对说服性信息所投入的注意量（Toncar 和 Munch，2001），如信息搜寻、信息判断、信息选择时所投入的时间量与付出努力的程度。卷入度也是说服效应的一个重要调节变量。如 Rothman，Salovey 和 Antone 等（1993）研究有关说服人们使用太阳镜来预防皮肤病问题，通过性别来区别个体卷入程度（通常男性不如女性注重自己的皮肤问题，因此女性属于高卷入程度的样本），研究表明女性样本比男性更认同太阳镜是预防皮肤病的有效途径，这也表明个体卷入程度越高，越容易受说服性信息的影响。

5.2 企业微博信息互动传播的影响因素模型及研究假设

5.2.1 企业微博信息互动传播的影响因素研究框架

微博的信息转发可以被看作是一个行为决策者在评估特定信息的有效性后进行的活动。先前的研究表明，个人信息处理行为影响他们的决策结果（Zhang 和 Watts，2008；Cheung，Lee 和 Rabjohn，2008）。因此，一个人类信息处理的双加工理论，即 HSM，被用来作为调查认知过程，特别是微博信息转发的理论基础。之前的研究也发现，人们通常会用系统和启发式处理模式评估信息的有效性（Zhang 和 Watts，2008）。Liuzhiming，Liulu 和 Lihong（2012）应用这一理论作为框架研究了紧急事件背景下，微博信息转发的决定因素。因此，本书以说服理论为框架，研究影响微博信息传播的因素，从启发式和系统式两方面线索研究微博信息中的说服效果、信息接收者对接收到的信息进行处理决策以及是否转发传播的影响因素。影响说服效果的因素包括信息源的可靠性、专业性及吸引力；信息的论据和数量、信息情绪框架；接收者卷入度以及社会网络的影响。企业微博作为信息发布者，发布信息传播给关注它的用户及搜索它的用户，同时获取用户反馈信息，回复或充实信息，进而形成互动。接收企业微博信息的用户实施守门人功能，截断传播或者成为信息传递者和信息反馈者，层级分裂式传播。信息作为传播的内容，承载着发布者的意图，并且在传播过程中，受信息传播者加工补充，丰富信息传播内容。因此，本章以说服理论 HSM 为理论框架，从信息源和信息两方面研究说服信息接收者对信息进行传播的影响因素，建立企业微博信息互动传播影响因素模型。

启发式加工取决于唾手可得的启发式线索，在线社区的成员使用可信信息作为启发式线索来验证信息（Zhang 和 Watts，2008）。信息来源的可信度是指一个消息收件人感知一个信息来源的可信度（Chaiken，1980）。它被定义为一个信息来源在一定程度上被信息接受者认为是可信的、胜任的和值得信赖的（Petty 和 Cacioppo，1986）。微博平台使用身份验证机制来保证用户身份的真实性。Liuzhiming，Liulu 和 Lihong（2012）在研究中，用微博平台身份验证机制来作为用户可信性的一个衡量。早期的研究表明，个人关注这个启发式线索可以受到来源的可信度和吸引力的影响（Chaiken，1980）。因此，可信度和吸引力都可以作为启发式线索。然而本书关注的是企业微博与其他用户之间的互动这种特定情境，企业微博都是经过认证的，与企业品牌相联系，这里认为信息源都是可信的，因此本研究只讨论信息源吸引力对企业微博信息传播的影响。

系统式加工则需要消息接收者检查所有相关的信息片段相关性和任务重要性，以形成最终的决策（Chaiken 和 Eagly，1989）。成功的系统处理需要动机、能力及足够的认知资源（Eagly 和 Chaiken，1993）。个人在有足够的动机、能力及认知资源时才系统地处理信息（Zhang 和 Watts，2008）。在一个以计算机为媒介交流的背景下，HSM 往往认为信息质量（IQ）是系统对在线信息的认知反应（Chaiken 和 Eagly，1989）。在这种背景下，信息转发行为可以受到所感知的获得信息质量的影响。在说服效应影响因素中，信息的数量（Slater 和 Rouner，1996）、信息的情绪框架（DeSteno，Petty 和 Rucker 等，2004）、信息论据（Cacioppo 和 Petty，1989）都体现所感知的信息质量，所感知的信息质量越好，对说服效果产生影响越大，说服效果越好。而信息质量长期以来一直是在信息系统背景下研究的。在过去的十年里，大量的信息质量框架出现在了不同的应用领域（Zhu 和 Gauch，2000；Chae 等，2002），但微博信息质量框架还没有被开发。由于微博在某些程度上可以看作某一问题的在线评论系统，因此 Liuzhiming，Liulu 和 Lihong（2012）在研究中，基于在线评论质量框架评估微博信息质量。Chen 和 Tseng（2011）开发了一个在线评论质量框架，采用了一种有效的信息质量框架，其中一个维度是信息的数量。因此，在本研究中，我们选择信息的数量、信息的情绪框架和信息的论据作为系统的线索。研究框架见图 5-1 所示。

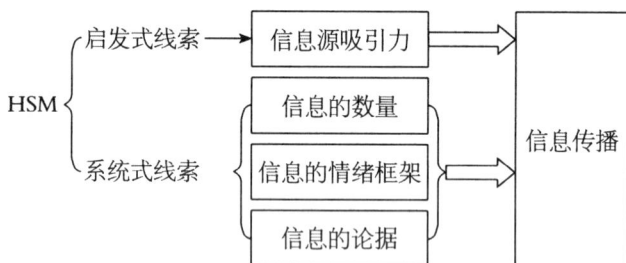

图 5-1　研究框架

5.2.2　企业微博信息互动传播的影响因素概念模型与假设

（1）启发式线索

在线社区的成员使用可信信息作为启发式线索来验证信息（Zhang 和 Watts，2008）。信息来源的可信度是指一个消息收件人感知一个信息来源的可信度（Chaiken，1980），它被定义为一个信息来源在一定程度上被信息接受者认为是可信的、胜任的和值得信赖的（Petty 和 Cacioppo，1986）。微博平台使用身份验证机制来保证用户身份的真实性。对于本研究，研究的主体是企业微博，都是由微博平台认证的企业级微博，故这里认为企业微博用户都是可信的。因此本研究主要从源吸引力方面进行论证。随着最近越来越多的微博平台的出现，人们将微博作为一种重要的信息来源。企业也充分利用这一平台进行信息发布，进而吸引用户，使企业微博成为增强品牌吸引力的一个途径。随着电子商务的发展，人们获取信息的途径也主要是通过网络社区。随着微博平台的发展，微博用户呈现爆炸式增长，用户普遍从微博平台获取信息，有足够的动机和认知资源。同样，越来越多的用户通过微博获取各企业品牌信息，与企业互动。微博平台提供了一个独特的关注机制，通过一个用户可以跟随其他用户。微博源吸引力是指用户被虚拟社区中的成员欢迎并喜欢的程度（Petty 和 Cacioppo，1986；Eagly 和 Chaiken，1975）。微博源吸引力能够通过追随者的数量进行衡量。用户拥有更多的跟随者（粉丝），表明这个用户更受欢迎、更有吸引力。微博中的参与者也可能采用这个线索来处理信息。因此，在这个研究中用户的吸引力也视为启发式线索。

在两级理论（Katz 和 Lazarsfeld，1955）中，能够特别有说服力地把想法传播给他人的人被称为意见领袖。此外，Meeyoung 等（2010）和吴（2010）也证实了意见领袖的理论，在他们的论文中源吸引力和转发被视为两个影响用户的因素，这两种措施的相关性研究采用不同的等级相关系数。结果表明，吸引力和转发有一个中等高度的相关性（高于0.5），从而导致以下假设：

H1：源吸引力对信息转发具有积极的作用。

（2）系统性线索

①信息的数量

这个维度指的是一条信息中的信息量足以进行决策的程度（Chen 和 Tseng，2011）。在当前的信息社会，寻求信息是昂贵的和耗时的，并需要权衡额外搜索成本与效益。但是，先前的研究表明，信息量特别有利于消费者认知信息，如果可以得到的信息没有额外的搜索成本，则信息长度可以增加信息的可认知性。信息中蕴含的信息数量能够促进信息的传播。Liuzhiming，LiuLu 和 Lihong（2012）在研究影响微博信息传播扩散的决定因素中发现，信息的数量也正向影响信息转发。因此，我们假设：

H2：一条消息中信息的数量对信息转发有正向影响。

人们可以通过微博了解企业品牌信息或产品信息，而微博的140个字的输入长度限制约束了信息的获取。但是微博功能中有多种机制可以克服微博信息长度限制，如在微博信息中嵌入短链接、提到（@用户昵称）、图片、视频、音频、长微博信息等。短链接提供了插入一个 URL 链接到一个消息中的服务，通过这个超链接，人们可以获得进一步的信息。Zarrella（2009）研究了基本转发特点，其中包括具有 URL 短链接的转发可能性（retweetability of URL shorteners），结果表明 56.7% 的转发信息有 URL。Suh，Hong 和 Pirolli 等（2010）也研究了在一个信息中插入一个 URL 对信息转发的影响，结果表明一个包含 URL 链接的信息相比普通信息更容易被转发，从而导致以下假设：

H2.1：含有 URL 的信息更容易被转发。

"提到"的做法是指一个微博在 "@" 符号后加一个用户名。相比之下，"提到"代表着一个活跃的用户交互（Yang 和 Counts，2010），通过提到（@用户昵称）用户利用用户真正交互的隐性网络，而不是潜在的非常被动的追随者网络。结合生存分析，Yang 和 Counts（2010）建造了一个新颖的模型来捕获信息扩散的三个主要属性：速度、规模和范围，发现提到（@用户昵称）的次数对速度和规模都有显著影响。通过"提到"具体的用户，将某一信息具体通知到某人，使得用户增强社会临场感，从而得到相应用户的反应，或者评论，或者继续传播，因此，我们假设：

H2.2：信息中的"提到"积极影响信息转发。

对于企业微博，最重要的就是信息的传播。企业经常通过微博开展活动，以一定的刺激，激发用户传播信息的欲望。信息明确表达通过"提及"几个用户并转发的形式，可获得某种奖励，用户转发并有目标地提及用户，被提及的用户可以接力进行转发，促进信息的传播扩散。因此，我们假设：

H2.3：信息中的激励措施积极影响信息转发。

话题标签（hashtag）是标记用户中的一个紧急行为，其作为一种手段来标记消息，是一种"会话标签"，标签本身"是消息的一个重要部分"（Huang，Thornton 和 Efthimiadis，2010）而不只是描述一个消息。标签有时也会变成紧急微记录，因为只有在看到一个特定的标签时用户才更倾向于置评或分享他们关于这个标签（主题）的观点/评论，这已经成为趋势。

Huang，Thornton 和 Efthimiadis（2010）研究 Twitter 上的话题，即用话题标签（hashtag）标记的信息，分析解释了标签的用途并统计了话题的趋势。对 Twitter 上的热门话题，Huang 等人认为："给推特加标签的行为增加了 Twitter 被搜到和展示在一群微博热门话题的可能性。"Huang，Thornton 和 Efthimiadis（2010）从一个标签的角度对趋势也进行了研究，提出更多的用户活动模式影响推文的时间分布。通过获得一个标签的时间戳信息之间的标准偏差，他们发现一个作为主要用于会话目的主题的时间戳标记的标准差很小。通过分析活动与时间图的斜率来测量这种病毒性的标签，一个负（左侧）斜率表明在到达高峰活动之前逐步采用一个标签，相比之下，一个正的（右侧）斜率表示一个标签在采用率逐渐明显下降之前的快速普及。峰态，或第四时刻，代表了"耐力"的标签（Huang，Thornton 和 Efthimiadis，2010）。高峰度主题代表时间活动的爆发，一个低峰度表明一种永久性的主题（例如酝酿已久的 H1N1 流感疫情）。Suh，Hong 和 Pirolli 等（2010）在论文中分析了与转发率显著相关的关键因素，他们发现话题标签与转发有牢固的关系。

Kumar，Mahdian 和 McGlohon（2010）针对在线社交网络的数学模型的动力学对话（消息和用户）进行了一项实验，他们发现 Twitter 标签表现出独特的行为趋势：话题具有高的优惠附件，如已经收到很多回复的消息，更容易接受一个新回复，此时话题具有高的复制率。而 Kwak，Lee 和 Park（2010）也研究了 Twitter 上的热门话题，趋势行为所展现出来的主题（如苹果推出 iPhone 和伊朗选举争议）是不同的，尽管他们在 Twitter 数量上相似，iPhone 主题比伊朗选举的主题有更多的用户，但是速度较慢。

从前人的研究发现，微博话题标签（hashtag）能够很好地标记信息，并收到回复，而且增加了被搜索到的可能性，这些都对微博信息的传播起到促进作用。企业微博的目的是扩大影响和知名度，通过发起话题，即信息中加入一定主题的标签，能够促进信息的搜索与传播。因此，我们假设：

H2.4：话题标签对信息传播有积极的影响。

②信息情绪框架

信息情绪框架是指信息情感取向的程度。对具有说服力的沟通的研究表明，情感因素影响信息的交流（Hovland，Janis 和 Kelley，1953）。在本研究中，参考了由 Suh，Hong 和 Pirolli 等（2010）调查发现的情绪对网络信息扩散的潜在影响和情感维度。除了信息的内容和用途，微博信息往往传达了作者的情绪状态、对一个特定主题的判断，或是作者的情感交流倾向（即情绪影响作者转达到读者信息上）（Bollen，Pepe 和 Mao，2011）。先前的研究从不同学科进行了不同层次的调查，证实了情绪或情感与在线交流的相关性（Bollen，Pepe 和 Mao，2011；Diakopoulos 和 Shamma，2010；Shamma，Kennedy 和 Churchill，2009；Tumasjan，Sprenger 和 Sandner 等，2011；Huffaker，2010；Joyce 和 Kraut，2006）。

从主观/客观的角度来看，Wee 等（1995）认为中立的信息与主观信息相比有较高的信誉。因此，人们有可能传播中性色彩的信息。例如，在广告中存在两方面的消息可以提高信息来源在消费者通信中的可信度（Eisend，2006；Hunt 和 Smith，1987）。

Andr，Dix 和 White 等（2010）根据微博信息处理"幸福和状态反馈"这两个主题。在他们对状态反馈的初步研究中使用 Web 接口，允许别人对用户的 Twitter 评级（负面的、中性或积极的），他们发现积极反馈数量比消极反馈的数量多四倍。

研究在线交互的结果（Joyce 和 Kraut，2006）表明负面影响的消息实际上可以触发参与。然而，这似乎适用于消极影响方面的愤怒，而不是悲伤或恐惧。与此同时，同样的研究发现在消息中积极的影响鼓励继续参与。这些结果证实了在一个大型研究的在线社区（Huffaker，2010），消息中使用情感语言的人比那些不使用的人获得更多反馈，这适用于正面和负面的情绪。Smith 和 Petty（1996）的进一步研究表明，正面以及负面消息的框架可以创建关注与认知的参与，特别是使意想不到的接收者接收到该消息框架，有时会引发更多的关注或反馈，铰接在消息中通过网络扩散。在社会网络中有很多相互联系的人相互作用和影响，不仅传播行为和想法，也包括情绪。传染理论试图将网络解释为"传染"态度和行为的传播渠道。在这个意义上，社会传染指影响、态度或行为从一个"启动程序"传播并感染一个单独的部分或"接受者"，即收信人并不是故意受到发起者的影响（Levy 和 Nail，1993）。这种接触会增加网络成员开发相类似的信仰、假设和态度的可能性（Carley 和 Kaufer，2006）。或许是由于社会蔓延的无意识自然属性，现存的实证调查很少意识到检查跨网络的态度扩散。在最近的一项研究中，Hill，Rand 和 Nowak 等（2010）发现，在长期内情绪状态以同样的方式传播像传染病一样跨越社交网络。在不同上下文中，经研究表明正面和负面情绪可以被"传染"，比如在工作场所的交互（Barsade，2002），在谈判（Van，De Dreu 和 Manstead，2004）和室友之间（Howes，Hokanson 和 Loewenstein，1985）。此外，Huffaker（2010）认为，口头互动、交流使合作伙伴同步他们的措辞，这表明消息包含正（负）情感的话有可能得到言语上的反应，该反应也表示出同样的正（负）的情感。Hansen，Arvidsson 和 Nielsen 等（2011）认为信息传播与 Twitter 信息情感相关，结果表明，负面情感增强传播新闻片段，而正向情感支持传播非新闻内容。Stieglitz 和 Dang-Xuan（2011）研究了政治事件中的微博信息转发影响因素，主要从信息体现的情感方面研究，结果表明，正向和负向情感的信息都易转发。所有的这些发现使我们猜想一个积极或消极情感蕴含在微博信息中并通过微博网络传播，因此我们做出如下假设：

H3：一条微博消息包含更多的积极（正向）情感更易被转发。

H4：一个微博消息包含更多的消极（负向）情感更易被转发。

③信息论据

Maddux 和 Rogers（1980）用实证研究的方法研究了信息论据对说服效果的影响，指出无论信息源专业性强弱、吸引力有无，支持性论据都能够提高说服效果。同样，论据的数量越多，对说服效果产生影响越大，说服效果越好（Cacioppo 和 Petty，1989），这就是简单的重复效应，"三人成虎"就是这个效果。另外，正反两方面的论据要比一方面的论据更加可信，更能增强说服效果（Pechmann 和 Esteban，1993）。由有权威的评论者写的评论是有影响力的（Chen 和 Tseng，2011）。针对某一信息的评论，可以补充信息内容，或者引发讨论，尤其是有影响力的评论者评论，会引起更多用户的关注与参与讨论——或赞同这一观点而产生传播的愿望，或不赞同这一观点而通过转发来传播信息以将自己的观点传播出去。同样，评价的影响还具有一定的社会因素，由其周围朋友、同学、同事、亲人等撰写的评论，会对该社会网络中的人产生影响（Hong 和 Tam，2006），该评论产生的信息论据更高。由此可见，评论对信息质量有影响，微博信息评论可以补充信息内容，信息的评论越多，越能增强信息的论据，故提出假设：

H5：评论数量正向影响信息转发。

综上所述，企业微博信息传播影响因素概念模型及假设如图 5-2 所示。

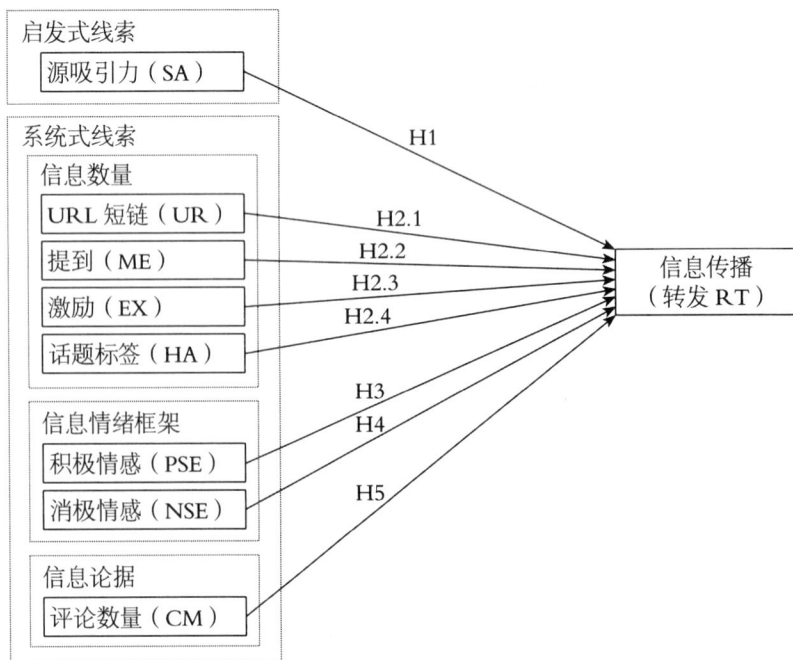

图 5-2 企业微博信息传播影响因素概念模型

5.3 数据获取和变量操作

5.3.1 数据收集

本研究中从新浪微博收集数据（http：//weibo.com），这是中国一个具有代表性的微博平台。通过企业微博列表，从电子商务类、非电子商务类企业中共选择 23 家企业微博，其中抽取的电子商务类企业还分为 B2C 商城、电子商务服务、电子商务平台；非电子商务类企业包括 IT 企业、汽车/交通行业、服装服饰行业。每一个行业还可继续细分，就不一一详述，企业微博名称见表 5-1。

表 5-1 样本数据涉及到的企业微博名称

企业类型	企业微博名称		
电子商务企业	国美电器网上商城	好乐买 okbuy	亚马逊中国
	快书包	当当	1号店
	苏宁易购		
非电子商务企业	东风日产奇骏	上海大众斯柯达	长安福特
	斯巴鲁-中国	摩托罗拉移动技术	三星手机
	戴尔中国	联想	小米公司
	金山毒霸	Adidas	The north face
	探路者	Nike sports wear	李宁官方商城
	Jordan		

研究利用 JAVA 爬虫程序，通过新浪微博 API 收集信息。从 2012 年 6 月 11 日到 2012 年 7 月 10 日，每天晚上 10 点 30 分左右运行程序，收集这 23 家企业微博信息以及企业微博用户发布的信息内容及特征，收集内容见表 5-2，得出 4 796 条信息。然后对每一条信息特征分别分析整理得到验证数据。

表 5-2 样本收集内容

收集类别	收集内容	
企业微博用户信息	粉丝数	关注数
企业微博每日发布信息	信息文本	发布时间
	每条转发数	每条评论数

5.3.2 变量操作

我们能够使用新浪微博的数据集实施模型的变量。企业微博作为信息源，其主要特征就是品牌吸引力可以通过追随者的数量（魅力）来衡量，企业粉丝（追随者）数每天有一定的变化。媒体丰富度理论曾指出媒体具有在给定时间内改变人们认识（促进人们达成共识）的能力，并认为各种媒体在丰富度上是不同的（Hoffman 和 Novak，1996），主要表现在每条微博信息是否包含 URL、是否有@用户昵称、是否有 hashtag（#）标志、是否有激励转发内容（如转发有奖），这些数据都用离散值 1 和 0 表示，1 代表存在、0 代表不存在。

内容包含的情感用信息的情感导向来衡量。本书采用情感分析技术对信息的情绪框架进行分类，有三个变量，分别是积极（正向）情感、消极（负向）情感、中立情感，每个变量的值只包括 0 和 1，代表是否是该情感导向的内容。尽管情感挖掘方法已经成功地应用于先前的 Twitter 研究工作（Shamma 等，2009；Brendan 等，2010；Jansen 等，2009；Marc 和 Lee，2010），但都是分析中国的微博而不是调查。在本书中，我们使用 ROSTCM 软件对每一条内容进行情感分析，ROSTCM 是文本挖掘工具之一，由武汉大学 ROST 团队以 C++/C# 开发的，适用于 Windows 系统，具有图形化界面、辅助文档齐全、结论易于理解等特征，故选择该工具进行情感分析，得到每条信息的情感指数：正数情感为积极情感，负数情感为消极情感，0 为中立情感。每条微博信息都有评论数、转发数，用来衡量参与该条信息互动的用户活跃度和信息传播的广度。

这里研究微博信息转发数量与信息源用户属性、信息属性之间的关系，因变量 RT 表示每条微博一天中的转发量，解释变量包括信息源用户属性和信息属性。信息源用户属性包括粉丝数量，用 SA 表示。信息属性包括信息是否包含话题标签 hashtag、URL 短链、提到@，及激励手段，分别由 HA、UR、ME、EX 变量表示；信息内容中所包含的中立、正向、负向情感分别用 ZSE、PSE、NSE 表示；每条微博信息一天内的评论数用 CM 表示，变量设置说明如表 5-3 所示。

表 5-3   变量设置说明表

变量名称	说明
源吸引力（SA）	信息源用户属性，代表品牌影响力，用粉丝数量来表示
话题标签（HA）	信息属性，该条微博信息是否包含话题标签（hashtag，以#开头和结尾的话题标记）
超链接（UR）	信息属性，该条微博信息是否包含URL短链
提到（ME）	信息属性，该条微博信息是否提到其他用户（带@用户昵称）
激励（EX）	信息属性，该条微博信息是否包含激励用户转发的信息（转发有奖或机会等）
情绪框架（SE）	信息属性，该条信息的情感，ZSE：中立情感，PSE：积极（正向）情感，NSE：消极（负向）情感
评论数量（CM）	信息属性，该条信息发布一天内评论数量
转发（RT）	信息属性，该条信息发布一天内转发数量

5.4 模型假设检验及结果讨论

5.4.1 描述性统计分析

（1）样本总体构成分析

如图 5-3 和表 5-4 所示，23 家企业微博在 30 天中共发布 4 796 条微博信息，其中电子商务类企业如表 5-1 所示，共 7 家企业，收集的微博信息共计 1 896 条，占样本百分比约为 39.5%，每家企业日均发布微博信息 9 条。非电子商务企业可分为 IT 企业、汽车行业、服装行业。其中 IT 企业包括摩托罗拉移动技术、三星手机、戴尔、联想、小米公司、金山毒霸 6 家，收集微博信息共计 1 473 条，占样本百分比约为 30.7%，日均发布 8 条。汽车行业包括东风日产奇骏、上海大众斯柯达、斯巴鲁-中国、长安福特 4 家，收集微博信息共计 730 条，占样本百分比约为 15.2%，日均发布微博信息 6 条。服装行业共计 6 家，收集微博信息 697 条，占样本百分比约为 14.5%，日均发布微博信息 4 条。

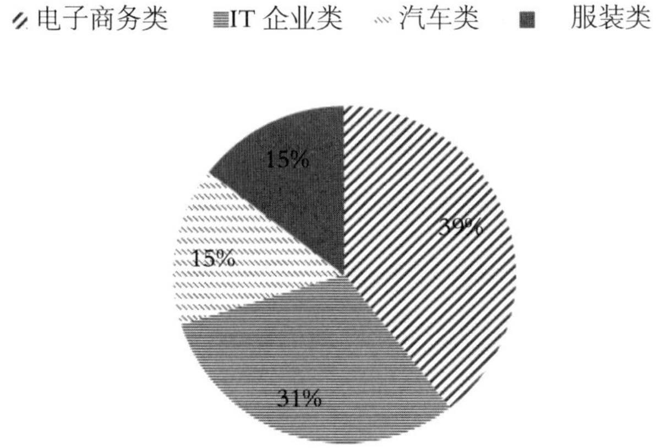

图 5-3　各类企业微博样本信息比例构成图

表 5-4　　　　　　　　　样本总体构成

企业微博	样本量（条）	样本百分比（%）	日发布消息单位均值（条）
斯巴鲁-中国	44	0.92	1
Adidas	46	0.96	2
Jordan	59	1.23	2
探路者	81	1.69	3
东风日产奇骏	125	2.61	4
Nike sports wear	126	2.63	4
The north face	137	2.86	5
金山毒霸	144	3	5

续表

企业微博	样本量（条）	样本百分比（%）	日发布消息单位均值（条）
亚马逊中国	147	3.07	5
摩托罗拉	148	3.09	5
长安福特	179	3.73	6
国美电器网上商城	187	3.9	6
小米公司	203	4.23	7
当当	217	4.52	7
三星手机	236	4.92	8
李宁官方商城	248	5.17	8
苏宁易购	252	5.25	8
好乐买okbuy	284	5.92	9
联想	354	7.38	12
1号店	356	7.42	12
上海大众斯柯达	382	7.96	13
戴尔中国	388	8.09	13
快书包	453	9.45	15
总计	4 796	100	160

从样本总体构成中看到，电子商务类企业利用微博发布信息最多，日均发布 9 条，而服装类企业利用微博发布信息最少，日均发布只有 4 条。初步分析原因，电子商务类企业对网络的利用程度比一般企业要高，重视各种网络平台，尤其是社交网络平台。故随着微博的迅猛发展，电子商务类企业能够更好地利用微博平台发布信息和展开活动。其他类的企业也体现了对微博平台的一定程度的重视，相比之下，服装行业的企业对微博的利用还有一定的差距。

（2）样本各属性构成分析

从微博属性划分样本，如表 5-5 所示，样本中 44.29% 的信息包含话题标签，37.86% 的信息包含 URL 短链，而用提到（@用户昵称）方式的信息只占 9.70%，包含企业激励信息传播信息的只占 6.11%。而分析微博信息情感，包含积极（正向）情感的有 3 632 条，占 75.73%；包含消极（负向）情感的有 767 条，占 15.99%；包含中立情感的信息有 397 条，仅占 8.28%。由数据比较分析发现，企业微博中话题和 URL 的使用比较多，话题能简洁明了地展示信息主题，URL 则可将详细内容链接到信息中，为企业微博所重视。

表 5-5　　　　　　　　　　各属性微博数量表

微博属性	微博数量（条）	所占百分比（%）
话题标签（HA）	2 124	44.29
提到（ME）	465	9.70
URL短链（UR）	1 816	37.86
激励（EX）	293	6.11
积极（正向）情感（PSE）	3 632	75.73
消极（负向）情感（NSE）	767	15.99

如图 5-4 所示，样本中各属性微博所占比例差异明显，包含积极（正向）情感的信息数量大约是包含消极（负向）情感的信息数量的 5 倍，企业注重发布有积极情感的信息。话题标签和 URL 短链的应用数量较相近，均达到 40% 左右的应用比例。应用提到（@用户昵称）的信息比较少，不到 10%，说明企业信息中向具体用户发布信息的较少。具有激励属性的微博数量最少，发布激励信息、奖励参与转发用户，一定程度上能调动用户转发积极性，促进信息传播。分析发现电子商务类企业的信息中应用该属性的比较多，需要企业做出一定的让利措施，而且激励产生效果需要一定的时间间隔，激励信息发布并不频繁。

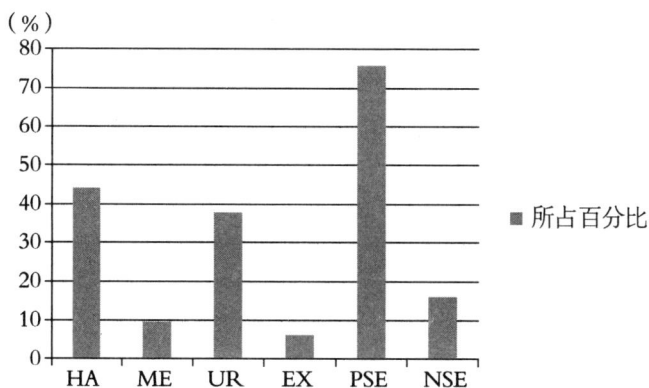

图 5-4　各属性微博比例分配图

从微博发布时间来分析样本，将微博发布时间分为三段，如表 5-6 和图 5-5 所示，其中 8：00—18：00 微博发布数量 3 402 条，占 70.93%，样本企业微博信息多数在这一时间段发布，其他时间发布的信息仅占 30% 左右。8：00—18：00 是通常上班时间，这一时间段企业发布的微博信息最多，由于微博信息的简练与易于浏览，关注企业微博的用户在这一时间段也是最活跃的，企业发布的信息能够传播到更多的用户。18：00—24：00 是大多数用户的休闲时间，企业利用这一时间段发布适量信息，有利于信息的传播。00：00—8：00 这一时间段，绝大多数用户处于休息状态，故企业很少发布信息。

表 5-6　　　　　各时间段发布微博数量表

发布时间段	微博数量（条）
8：00—18：00	3 402
18：00—24：00	1 240
00：00—8：00	154

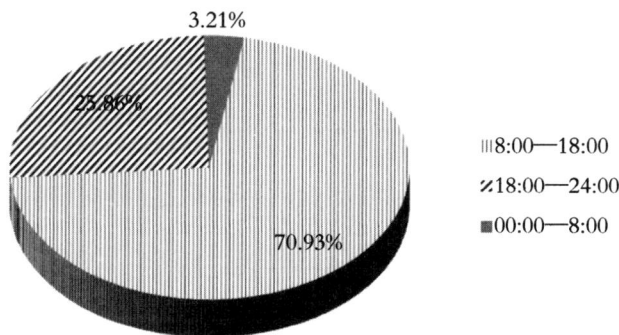

图 5-5　各时间段发布微博数量比例图

如表 5-7 和图 5-6 所示，作为研究对象的 23 家企业微博在样本收集的 30 天中，粉丝增量最多的企业是苏宁易购，增加的粉丝数量为 247 328 人，粉丝增量万人以上的有 8 家，而汽车行业的粉丝增量比较少。开通企业微博初期，企业都致力于吸引粉丝，粉丝的数量能初步衡量企业吸引力，经过一段时间的发展，企业粉丝处于较稳定状态并有小幅度的增长。苏宁易购属于电子商务企业平台，发布微博信息比较活跃，并通过激励措施促进信息传播到更广泛的用户中去，吸引更多用户的关注，故粉丝增加量最多。当当网和亚马逊中国也是电子商务企业，具有一定的知名度，用户对实时获取网上信息比较积极，粉丝增加量较多。其次是小米公司、三星手机等电子设备企业，小米公司网上营销比较成功，通过网络销售手机、企业发布最新产品信息及促销活动，吸引了更多的粉丝。

表 5-7　　　　　　　样本企业微博 30 天观测值增量表

企业微博	30天粉丝人数增量	30天关注数量增量	30天微博数量
当当	34 798	3	208
1号店	14 487	−21	332
苏宁易购	247 328	8	242
国美电器	2 326	3	179
亚马逊中国	33 684	2	142
好乐买okbuy	4 932	−41	272
The north face	3 068	2	133
Adidas	11 774	5	44
探路者	626	−2	−336
Nike sports wear	4 195	2	120
Jordan	5 099	4	57
李宁官方商城	1 475	2	240
快书包	1 876	105	431
长安福特	742	−54	172
上海大众斯柯达	15 141	3	421
东风日产奇骏	104	5	120
斯巴鲁-中国	313	2	43
小米公司	70 638	25	191
联想	4 504	5	344
戴尔中国	3 696	13	373
三星手机	31 709	3	232
摩托罗拉	2 399	34	143
金山毒霸	26 550	−10	140

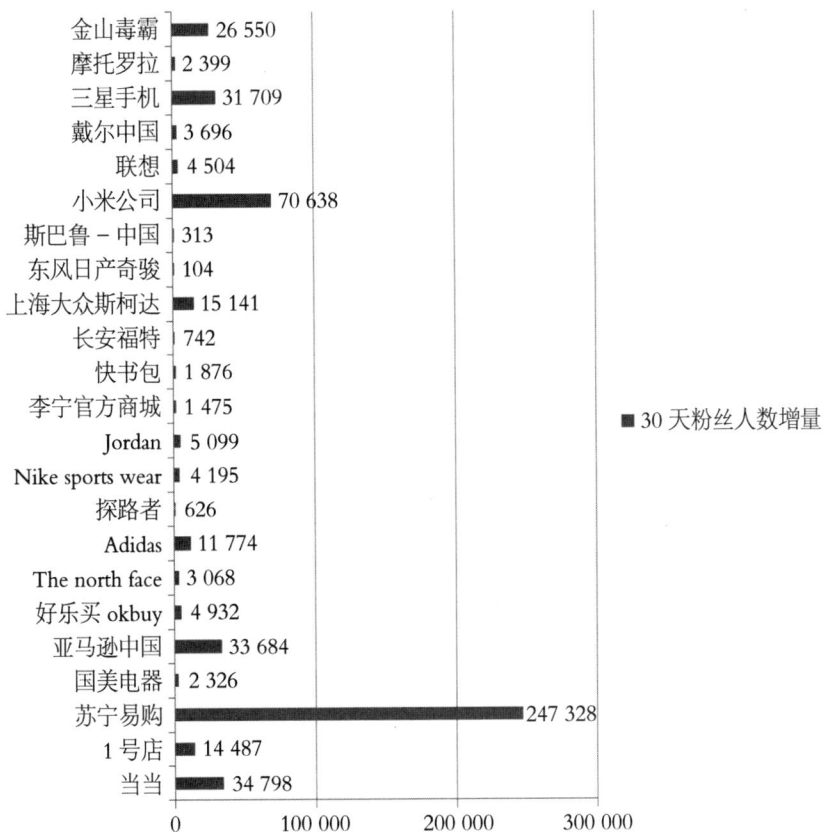

企业	30天粉丝人数增量
金山毒霸	26 550
摩托罗拉	2 399
三星手机	31 709
戴尔中国	3 696
联想	4 504
小米公司	70 638
斯巴鲁－中国	313
东风日产奇骏	104
上海大众斯柯达	15 141
长安福特	742
快书包	1 876
李宁官方商城	1 475
Jordan	5 099
Nike sports wear	4 195
探路者	626
Adidas	11 774
The north face	3 068
好乐买 okbuy	4 932
亚马逊中国	33 684
国美电器	2 326
苏宁易购	247 328
1号店	14 487
当当	34 798

图 5-6　各企业 30 天粉丝增量图

从图 5-7 可以看出样本企业的微博在 30 天中的关注数量变化。多数企业关注数量变化不大，关注量有增有减，关注变化最多的是快书包，增加 105 人，而长安福特则减少了 54 人。分析发现，由于受到微博功能设置限制，未开通会员的用户关注用户数量有上限，最多关注 2 000 用户。从样本企业关注的数量看，企业微博普遍关注的用户数量较少，企业并不注重发展强关系，故多数样本企业微博关注数量变化不大。快书包企业微博关注数量在一个月内增长了 105 个用户，是增加最多的一个企业，观察分析该企业微博发现，快书包企业微博较活跃，通过关注用户的形式吸引用户关注。

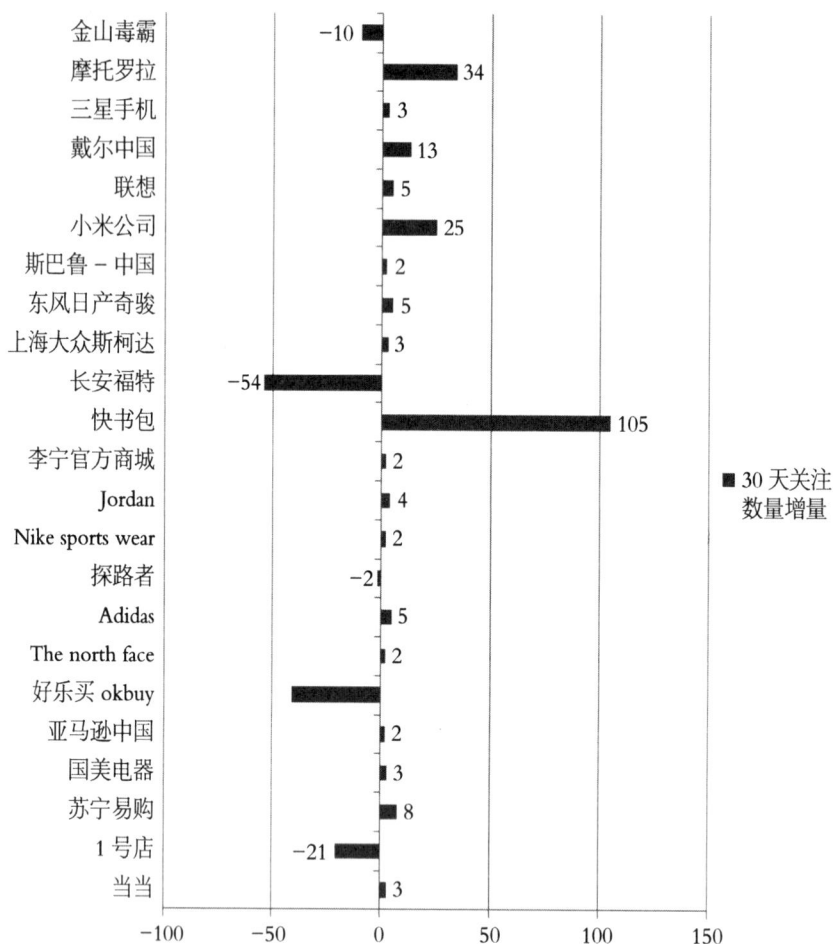

图 5-7　各企业 30 天关注增量图

　　样本企业微博在 30 天中发布的微博数量对比，如图 5-8 所示，其中发布 300 条以上的有 6 家企业，平均每天发布微博 10 条以上，有 3 家企业平均每天发布 1 条左右。电子商务类企业普遍活跃，30 天微博平均增量最多，其次是 IT 企业，服装类企业 30 天发布微博数量最少。分析各样本企业微博信息发现，电子商务企业和 IT 企业产品信息丰富、更新较快，而服装类企业产品信息更新较慢，或并没有充分发挥微博的作用。

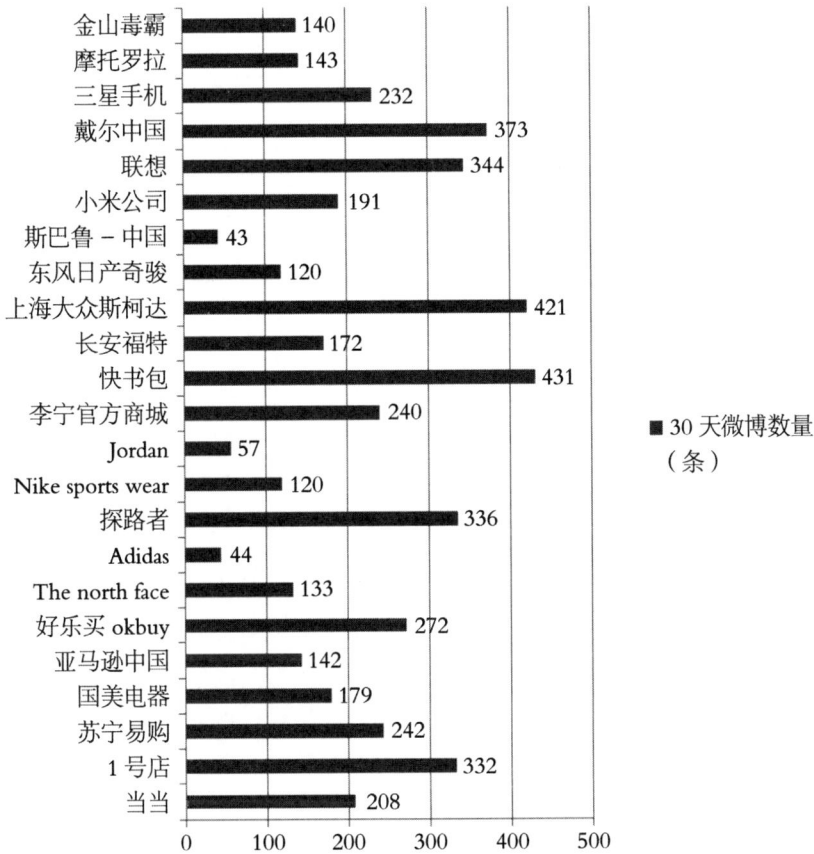

图 5-8　23 家企业微博 30 天微博数量对比图

表 5-8　　　　　　　　　　　**各企业不同属性微博数量**　　　　　　　单位：条

企业微博	样本微博数量						
	含话题标签	含提到	含URL短链	含激励信息	正向情感	负向情感	中立情感
金山毒霸	19	29	54	15	75	60	9
摩托罗拉	97	35	30	10	116	19	13
三星手机	182	19	51	30	193	30	13
戴尔中国	97	16	174	3	273	71	44
联想	134	58	96	5	270	69	15
小米公司	65	28	94	67	157	22	24
斯巴鲁-中国	23	0	11	0	33	7	4
东风日产奇骏	24	0	3	0	77	1	27
上海大众斯柯达	314	35	130	2	348	22	12
长安福特	163	21	57	1	141	19	19
快书包	27	32	292	10	325	87	41
李宁官方商城	236	3	119	3	173	61	14

续表

企业微博	样本微博数量						
	含话题标签	含提到	含URL短链	含激励信息	正向情感	负向情感	中立情感
Jordan	27	26	14	8	45	10	4
Nike sports wear	81	30	43	4	97	12	17
探路者	1	9	17	2	61	11	9
Adidas	36	6	5	0	33	9	4
The north face	11	9	15	4	113	18	6
好乐买okbuy	6	1	42	6	196	57	31
亚马逊中国	6	24	126	35	116	17	14
国美电器	182	1	73	0	167	16	4
苏宁易购	21	24	72	10	183	40	29
1号店	202	28	169	64	263	58	35
当当网	170	31	129	14	177	31	9

　　分析企业微博样本中各企业微博信息情感分类数量的对比，如图5-9所示，发现包含正向情感微博的信息数量普遍高于包含负向情感和中立情感的信息，而包含负向情感信息数量也稍高于包含中立情感信息数量。其中汽车行业中的企业微博发布的正向与负向信息之比最高。IT企业的微博信息包含负向情感的较多，电子商务类的企业微博包含负向情感的信息数量次之，负向情感信息数量最少的是汽车行业的企业微博。从该统计描述中发现，企业发布正向情感的信息比较多，不同类型的企业发布的正负向情感信息数量比例差异很大，信息情感是否影响企业微博的信息传播是我们要研究的问题之一。

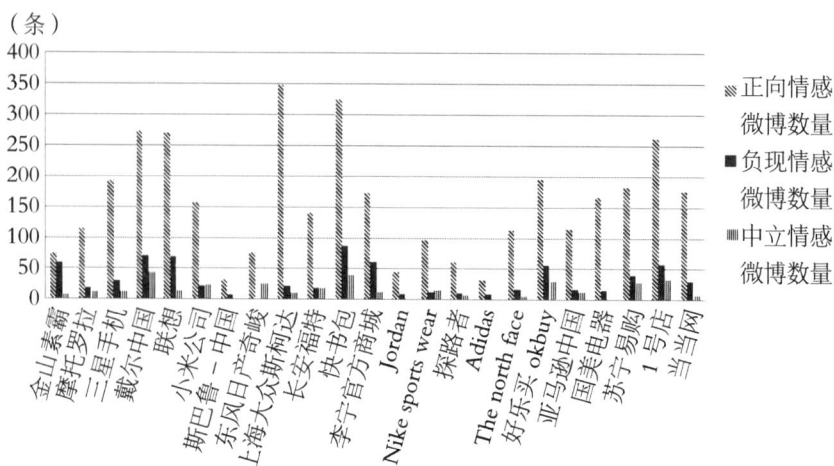

图5-9　企业微博样本各情感数量对比图

各企业发布的不同属性微博数量见表 5-8。样本中包含话题标签的微博数量占总体样本数量的 40% 左右，各企业样本中含话题标签的微博数量与该企业所发微博数量之比最高的达 97.33%，最低只有 1.23%（具体数量见图 5-10）。图 5-11 所示样本中，发布含话题标签的微博信息比例最高的前三个企业分别是国美电器、李宁官方商城和长安福特，发布的微博信息 90% 以上都带有相应话题标签，吸引用户参与，说明这些企业目前已经重视了话题的使用。探路者、好乐买 okbuy 和亚马逊中国三家企业发布的含话题标签微博信息的比例最少，说明有部分企业没有重视到话题标签的使用，有待明确话题标签的作用，使企业有目的地设置一些话题，吸引用户参与话题和关注企业。

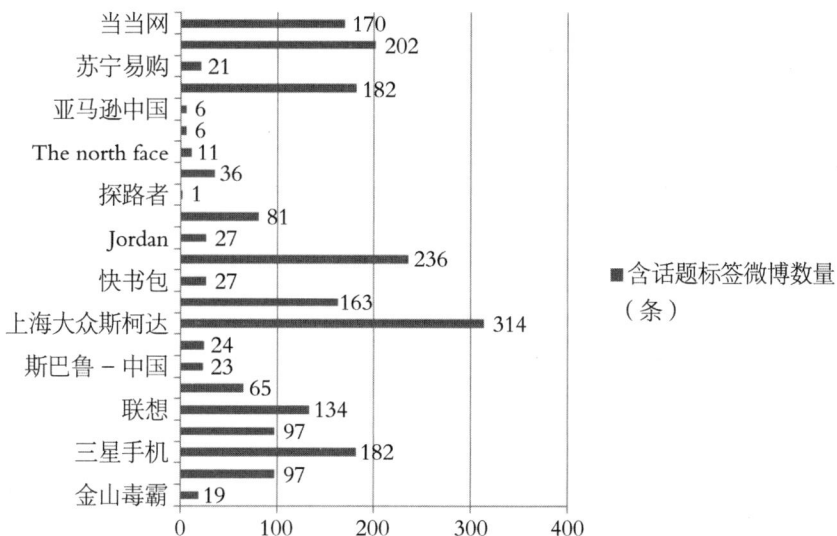

图 5-10　各企业微博样本含话题标签微博数量对比图

样本中各企业包含提到（@用户昵称）的微博数量普遍较少，有的企业微博中没有使用提到（@用户昵称），最多的也只有 58 条含有提到（@用户昵称）。从样本数据看，企业并不热衷用提到（@用户昵称）的方式向特定的用户发出信息。各企业微博样本含提到（@用户昵称）的微博数量对比如图 5-12 所示。

如图 5-13 所示，对比样本微博中各企业微博包含 URL 短链的信息数量，电子商务类企业应用 URL 短链比较多，而服装行业的应用较少。查看微博信息内容，发现电子商务类企业发布信息多为商品和活动信息，商品详细介绍和活动规则通常通过 URL 短链的形式给出。服装行业微博中应用 URL 短链的最少，服装行业的企业不同于电子商务类企业，其微博发布信息较少，商品信息少且单一，用较少的文字配合图片即能说明商品信息。

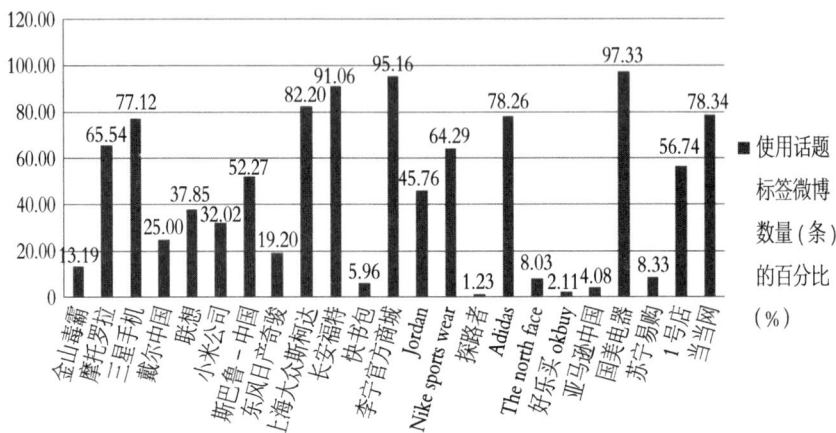

图 5-11　各企业微博使用话题标签百分比图

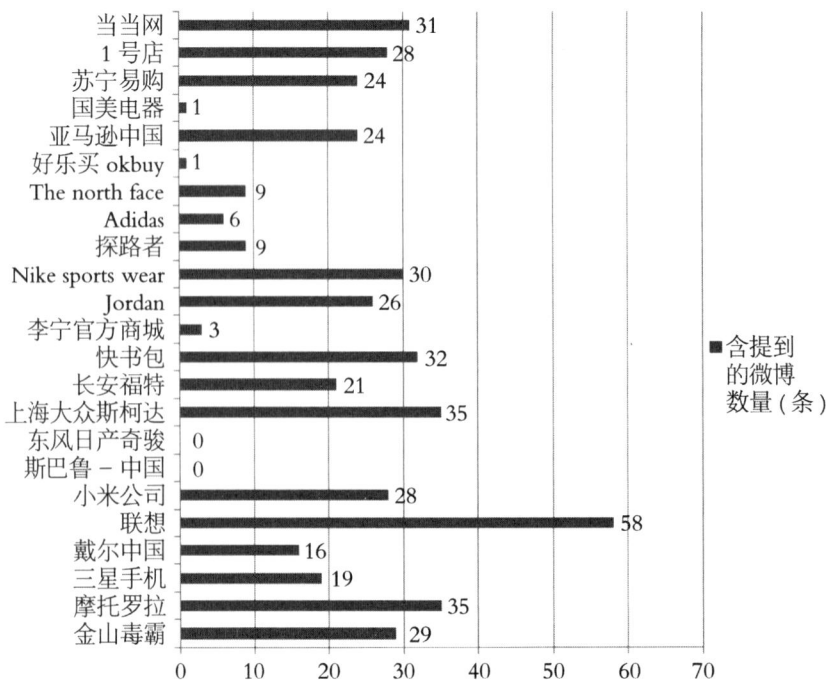

图 5-12　各企业微博样本含提到的微博数量对比图

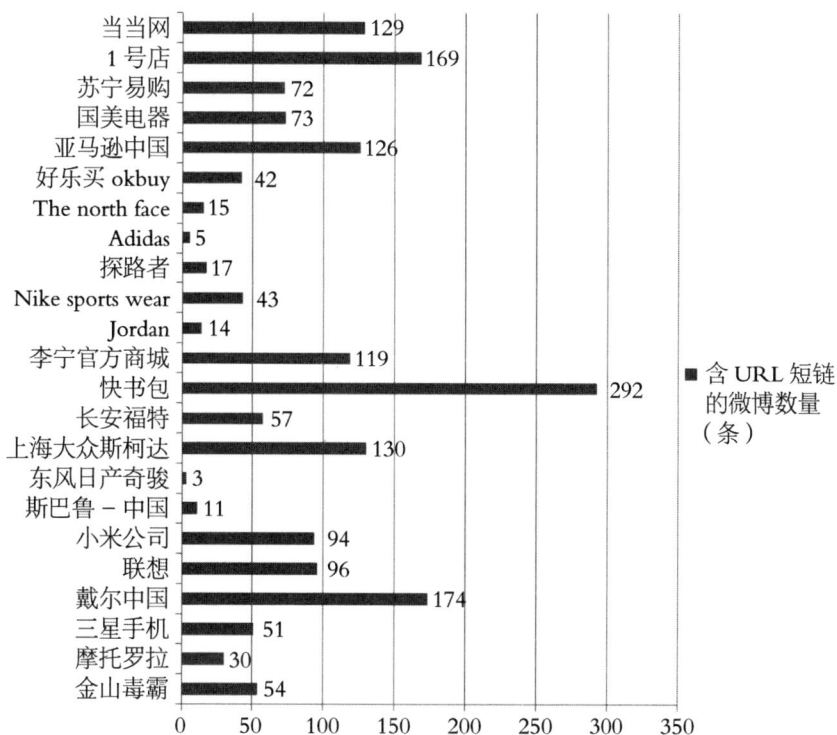

图 5-13　各企业包含 URL 短链微博数量对比图

样本中含激励转发信息的微博并不是很多，如图 5-14 所示，通过网络销售的企业发布这样的信息比较多，如 1 号店和小米公司，以抽奖的方式激励获得信息的用户转发该信息，以将信息传播得更广泛，使更多的人获取信息，从而参与活动，在参与活动过程中了解企业，进而关注企业。多数企业发布的含激励转发措施的信息很少，这和企业主营产品和性质有关。例如汽车行业中的企业发布含激励措施的信息最少，甚至没有，激励转发的奖励同企业产品相关，使用户获得产品或者折扣，汽车是价格较高的奢侈品，不同于一般小商品的赠送和折扣，因此这样的活动信息很少。如果 5.2 节中"激励信息正向影响信息传播"的假设证明得到支持，则这样的企业要选择适当激励活动，促进信息的转发，吸引更多的关注。

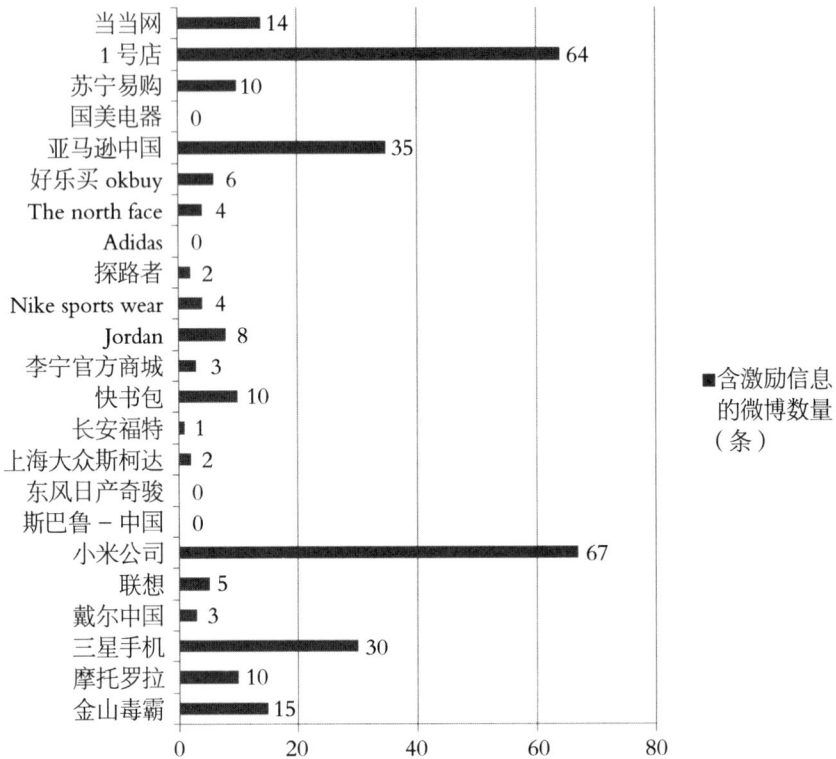

图 5-14 各企业微博包含激励信息数量对比图

通过对样本数据的描述性统计分析，发现样本中各属性微博所占比例和特征，可以分析各企业微博的一些特点，也为后面模型结果的讨论提供一定的帮助。

5.4.2 计数模型

在定量分析中，我们需要根据要研究的变量的数据类型来选择合适的模型。当因变量表示一些离散选择结果时，线性模型往往不能很好地解释因变量的变动特征，需要选择一种特定的模型方法来研究这些问题，这样的模型就是微观计量经济学中的离散选择模型。特别地，如果因变量 y 表示事件发生的数目，即为计数变量，那么就可以考虑应用离散选择模型中的计数模型（count models）。在计数模型中，因变量通常是离散的整数，并且数值较小，取零的个数多，而且多为定性变量。目前，比较常见的计数模型包括泊松模型和负二项式模型。

（1）泊松模型的形式与参数估计

若随机变量 Y_i 的概率函数是

$$P\{Y_i = y_i\} = P\{y_i\} = \frac{\lambda^{y_i}}{y_i!} e^{-\lambda}, \ y_i = 0, \ 1, \ \ldots \tag{5-1}$$

其中 $\lambda > 0$，则称 Y_i 服从泊松分布。

在计数模型中假定 $Y_i = y_i$ 服从泊松分布。而 Y_i 的值与解释变量 X_i 和之间的关系通过回归参数 β 来表示。

设每个观测值 Y_i 都来自一个服从参数为 $M(X_i, \beta)$ 的泊松分布的总体

$$M(X_i, \beta) \equiv E(Y_i|X_i, \beta) = e^{X_i\beta} \tag{5-2}$$

对于泊松模型，给定 X_i 时 Y_i 的条件密度是泊松分布：

$$F(Y_i|X_i, \beta) = \frac{e^{-M(X_i, \beta)} M(X_i, \beta)^{Y_i}}{Y_i!} \tag{5-3}$$

由泊松分布的特点，

$$VAR(Y_i|X_i, \beta) = E(Y_i|X_i, \beta) = M(X_i, \beta) = e^{X_i\beta} \tag{5-4}$$

服从泊松分布随机变量的期望与方差相同。

由于泊松模型是非线性回归模型，未知参数 β 的估计通常采用极大似然估计，极大似然估计量（MLE）可以通过最大化如下的对数似然函数来得到：

$$L(\beta) = \sum_{i=1}^{n} [Y_i \ln M(X_i, \beta) - M(X_i, \beta) - \ln(Y_i!)] \tag{5-5}$$

倘若条件均值函数被正确地设定，且 Y 的条件分布为泊松分布，则极大似然估计量 $\hat{\beta}$ 是一致的、有效的，且渐进服从正态分布。

泊松假定的约束条件在经验应用中经常不成立。最重要的约束条件是条件均值和条件方差相等，如果这一条件被拒绝，模型就被错误设定。

（2）负二项式模型的形式与参数估计

对泊松模型的常用替代是使用一个负二项式（negtive binomial）分布的似然函数极大化来估计模型的参数。负二项式分布的对数似然函数如下：

$$L(\beta,\theta) = \sum_{i=1}^{n}\{y_i \ln[\theta^2 m(x_i,\beta)] - (y_i - \frac{1}{\theta^2})\ln[1 + \theta^2 m(x_i,\theta)] + \ln \tau(y_i + \frac{1}{\theta^2}) - \ln(y_i!) - \ln \tau(\frac{1}{\theta^2})\}$$

$$(5-6)$$

公式中，θ^2 是和参数 β 一起估计的未知参数。当数据过度分散时，经常使用负二项式分布，这个分布的条件方差大于条件均值，由于下面的条件成立：

$$E(Y_i|X_i,\beta) = M(X_i,\beta) \tag{5-7}$$

$$VAR(Y_i|X_i,\beta) = m(X_i,\beta)[1 + \theta^2 m(x_i,\beta)] \tag{5-8}$$

因此，θ^2 测量了条件方差超过条件均值的程度。

假定服从泊松分布的 Y_i 的均值与方差是相等的，称数据是等离散的，但实际计数数据的方差通常远大于均值，称这一特征为过离散（over-dispersion）。数据的过离散是由截面数据的异质性决定的。

数据等离散的计数模型，通常采用泊松模型，用极大似然估计法估计得到的 β 具有一致性、有效性和渐进正态性；数据过离散的，服从负二项分布的计数模型，采用模拟极大似然估计法估计模型参数。

运用 EVIEWS 6.0 对本研究收集到的数据因变量频次进行分析，得到表 5-9 和图 5-15。

表 5-9 　　　　　　　　**数据因变量频次汇总表**

因变量值	数量	百分比（%）	累计数量	累计百分比（%）
0	160	3.00	160	3.34
1	233	4.00	393	8.19
2	266	5.00	659	13.74
3	225	4.00	884	18.43
4	252	5.00	1 136	23.69
5	214	4.00	1 350	28.15
6	220	4.00	1 570	32.74
7	164	3.00	1 734	36.16
8	153	3.00	1 887	39.35
9	143	2.00	2 030	42.33

续表

因变量值	数量	百分比（%）	累计数量	累计百分比（%）
10	130	2.00	2 160	45.04
11	118	2.00	2 278	47.50
12	103	2.00	2 381	49.65
13	73	1.00	2 454	51.17
14	92	1.00	2 546	53.09
15	48	1.00	2 594	54.09
16	55	1.00	2 649	55.23
17	55	1.00	2 704	56.38
18	55	1.00	2 759	57.53
19	47	0.00	2 806	58.51
20	51	1.00	2 857	59.57
21	51	1.00	2 908	60.63
⋮				⋮
⋮				⋮
19 235	1	0	4 796	100
合计	4 796	100	4 796	100

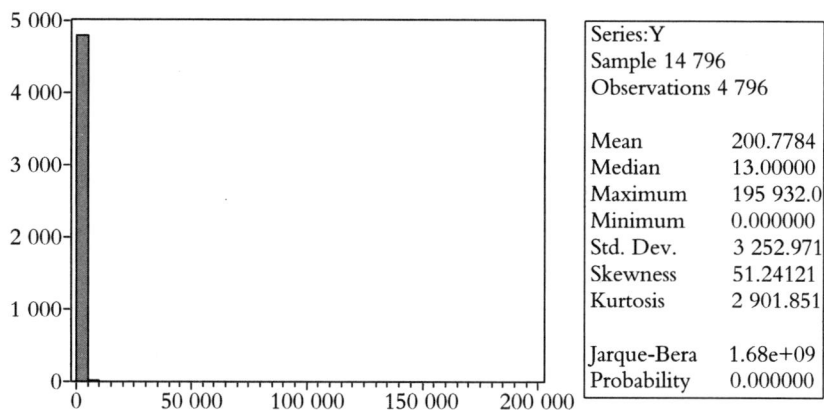

Series:Y	
Sample 14 796	
Observations 4 796	
Mean	200.7784
Median	13.00000
Maximum	195 932.0
Minimum	0.000000
Std. Dev.	3 252.971
Skewness	51.24121
Kurtosis	2 901.851
Jarque-Bera	1.68e+09
Probability	0.000000

图 5-15 转发次数的频数分布图

转发次数的频数分布如图 5-15 所示，呈右偏态，数据的均值为

200.78，方差为 3 252.97^2，远远大于均值，属于过分分散数据，故选择负二项模型估计。

5.4.3 模型假设检验

该数据符合计数模型的条件，可以采用计数模型。注意到定性数据较多，为防止虚拟变量陷阱，在引进虚拟变量时，需要人为地去掉一个。故 3 个情感变量去掉中立情感变量 ZSE，使用 PSE 和 NSE。

实证模型如下：

$$RT_i = \beta_1 SA + \beta_2 ME + \beta_3 HA + \beta_4 UR + \beta_5 EX + \beta_6 PSE + \beta_7 NSE + \beta_8 CM + c_i \qquad (5-9)$$

以 EVIEWS 6.0 软件为工具，用计数模型中的负二项模型（negative binomial count（quadratic hill climbing））进行估计，样本容量为 4 796，经 8 次迭代后得到估计结果，见表 5-10。

表 5-10　　　　　　　　　　　计数模型回归结果

变量	系数	标准误差	Z统计量	P值
常量（C）	2.5425***	0.1308	19.4338	0.0000
源吸引力（SA）	0.0237***	0.0014	17.3901	0.0000
提到（ME）	0.3534**	0.1213	2.9136	0.0036
话题标签（HA）	0.3333***	0.0722	4.6192	0.0000
短链接（UR）	0.0403	0.0757	0.5317	0.5949
激励（EX）	1.2561***	0.1577	7.9654	0.0000
正向情感（PSE）	0.2595**	0.1310	1.9815	0.0475
负向情感（NSE）	0.1598	0.1514	1.0555	0.2912
评论数量（CM）	0.0015***	0.0002	7.2835	0.0000
Restr.log likelihood	−30 237.28	LR statistic		13 634.09
Avg.log likelihood	−4.883286	Prob（LR statistic）		0.000000

注：*、**和***表明显著水平分别为 0.05、0.01 和 0.001。

计数回归分析的结果见表 5-10。该模型拟合数据很好，有高度显著的似然比（p<0.000）。表 5-10 的数据支持 H1，源吸引力（SA）（p<

0.000，β=0.0237）是统计显著的，而且系数为正，即源吸引力正向影响信息转发。为了测试 H2，我们检查了信息具有短链接、提到（@用户昵称）、营销激励、话题标签这样的特征对信息转发是否有影响。其中短链接（UR）（p=0.5949）不是统计学显著，因此，H2.1 不受支持。提到（ME）（p=0.0036，β=0.3534）在 0.01 的水平上是显著的，系数是正的，故信息中有提到（@用户昵称）对信息转发是有正向影响的，对 H2.2 是支持的。在 H2.3 中我们假设具有激励信息正向影响信息扩散，从表 5-10 我们发现激励（EX）（p<0.0000，β=1.2561）是统计学显著并系数为正，故 H2.3 假设得到支持；话题标签（HA）（p<0.0000，β=0.3333）是统计学显著，系数是正的，因此 H2.4 假设支持，即话题促进信息传播。综上，H2 部分支持。

H3 的验证结果是支持，积极（正向）情感（PSE）（p=0.0475，β=0.2595）在统计上是显著的，且系数为正，说明信息中具有积极（正向）情感更能促进信息的转发。消极（负向）情感（NSE）（p=0.2912）在统计学上是不显著的，故 H4 拒绝。H5 假设支持，即评论数量（CM）（p<0.0000，β=0.0015）是显著的，而且系数是正的，信息的评论数量正向影响信息转发。所有假设检验结果如表 5-11 所示。

表 5-11　　　　　　　　　　假设检验结果

假设	结果
H1：源吸引力对信息转发具有积极的作用	支持
H2.1：含有 URL 的信息更容易被转发	拒绝
H2.2：信息中的"提到"积极影响信息转发	支持
H2.3：信息中的激励措施积极影响信息转发	支持
H2.4：话题标签对信息传播有积极的影响	支持
H3：一条微博消息包含更多的积极（正向）情感更易被转发	支持
H4：一个微博消息包含更多的消极（负向）情感更易被转发	拒绝
H5：信息声誉正向影响信息转发	支持

企业微博信息传播影响因素模型检验结果如图 5-16 所示。

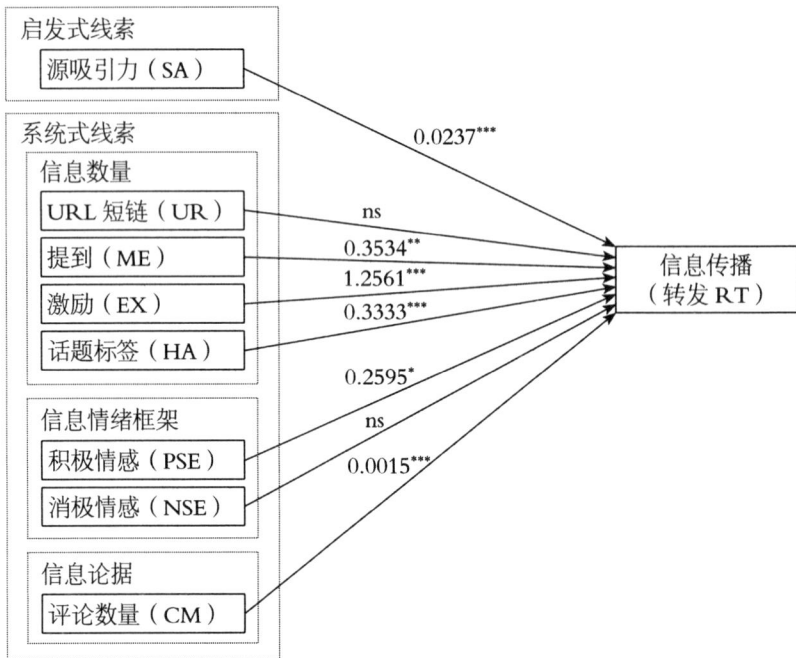

图 5-16 企业微博信息互动传播影响因素模型

注：***表示 p<0.001，**表示 P<0.01，*表示 p<0.05，ns 表示不显著。

源吸引力（SA）变量的回归系数 0.0237 表明，企业微博粉丝量越多，平均转发的次数就越多。

提到（ME）变量的回归系数 0.3543，表明含有提到（@用户昵称）的信息更容易被转发。

话题标签（HA）变量的回归系数 0.3333 表明，参与一定话题的信息比非话题信息转发次数多。

激励（EX）变量的回归系数 1.2561 表明，企业对转发信息进行促销激励能够促进信息的转发。

积极情感（PSE）变量的回归系数 0.2595 表明，企业微博信息中含有积极情感的信息促进信息的转发。

评论数量（CM）变量的回归系数 0.0015 表明，微博评论的次数越多越能促进信息的转发。

其中激励（EX）对转发的影响最大，其次是提到（ME）和话题标签（HA）。

5.4.4 研究结果讨论

本章调查了影响企业微博信息转发的因素。根据 HSM 说服理论框架研究企业微博信息传播影响因素发现，无论是启发式还是系统式线索都影响信息的转发。

对于启发式线索，源吸引力对转发有正向的影响，曾有研究发现追随者的数量和转发的流行性之间的一个差异，带来一个研究 Twitter 影响的新视角（Kwak，Lee 和 Park，2010）。本章通过研究企业微博粉丝与企业微博信息转发之间的关系，发现企业粉丝越多越促进信息的转发。

对系统式线索，信息的数量中 URL 并不显著影响转发。根据媒体丰富度理论，信息中媒体可以包括图片、视频等，很多都是以链接的形式出现，观察企业微博信息，几乎全部都有图片，故在影响因素中就没有讨论图片和视频对转发的影响。Bongwon 等（2010 年）和扎雷拉（2009）的研究中提出 URL 链接正向影响转发。而刘志明等的研究提出 URL 链接数量负向影响转发，这可能是因为研究的主体及样本不同，刘志明等研究的是影响紧急事件转发的因素，通常人们通过微博上相关主题获得当前事件的进展，并不需要通过 URL 链接了解进一步的信息，故 URL 不能正向影响转发。本章研究的是企业微博信息中 URL 是否正向影响转发，结论是不支持。这个结果与研究对象有关，企业微博目前作为发布信息的平台，充分利用微博信息的特点——短小精炼，通过文本传递信息，用户获取信息后并不是通过信息是否详细、是否有 URL 短链来判断是否转发。信息中是否具体提到（@用户昵称）对转发影响比较显著。分析发现，企业通过微博发布信息，提到（@用户昵称）的功能有通知提醒某用户的作用，明确通知到特定用户，增加用户的社会临场感，会得到该用户的快速反馈。因此企业对于一般用户使用提到（@用户昵称），也能起到促进转发的作用。而且企业可以通过@某位微博达人（意见领袖），引起该用户的注意并转发，通过该用户的影响力，更能促进企业微博信息的传播。但是本研究收集的样本中，含提到（@用户昵称）的信息仅占 9.7%，企业并没有频繁使用提到（@用户昵称）功能，这与企业微博所处位置和环境有关。

信息中含话题标签正向影响信息转发的假设获得支持。话题标签是微博中的一个功能，作为信息的一个重要部分，体现信息的一个主题，围绕该主题可以展开讨论。关于话题的研究有很多，热门话题比谷歌趋势更持久，通过给微博信息加话题标签可以增加被用户搜索到的几率并使更多的人员参与特定话题。企业微博充分利用话题标签的优点，发起与企业相关的话题，促进用户的参与，进而达到推广或营销等目的。该样本中话题标签的应用达到44.29%。

激励是企业微博信息中的一个特点，通过明确提出转发要求，在转发用户中抽取一定名额给予奖励。很多企业利用激励信息来促进某一消息的转发，用户因有获得物质奖励的可能，参与积极性高。通过激励转发，企业信息扩散迅速、扩散面广，这里信息转发树的用户分布遵循幂律分布（Cheong 和 Lee，2009）。

另外，信息的积极（正向）情感对信息转发的影响是显著的，正向信息有利于信息的转发，而信息的消极（负向）情感则对信息转发的影响不显著。积极（正向情感）的信息能够激起用户转发的热情，企业多发含有积极情感的信息就能促进转发。本书的研究样本中含有正向情感的信息占75.73%，说明企业发布正向情感的信息较多，但是并没有讨论影响的程度。

微博评论很大程度上起到补充信息的作用，使得信息的论据数量更充分，而且评论的数量在一定程度上能够体现信息为用户所重视的程度，吸引更多的用户关注该信息，用户通过阅读评论产生再次评论并转发的意愿，起到了促进转发的作用。

5.5 本章小结

本章以说服理论 HSM 为理论框架，建立了企业微博信息传播影响因素模型，信息转发因素有启发式线索和系统式线索两种导向。研究利用 JAVA 程序抓取了 23 家企业微博一个月期间发布的微博信息作为样本，以计数模型验证了企业微博信息互动传播影响因素模型。

首先，在文献研究基础上，以说服理论 HSM 为框架，利用启发式和系统式两方面线索构建了企业微博信息传播影响因素研究框架和概念模型，并进行了研究假设。

其次，针对收集的数据进行整理分析，通过描述性统计分析，对比分析样本企业微博信息各属性特征，对现阶段企业微博发展特征进行初步讨论。

然后，以计数模型对企业微博信息传播影响因素模型假设进行估计验证，确定了 6 个显著的影响因素，分别是源吸引力（SA）、提到（ME）、话题标签（HA）、激励（EX）、积极（正向）情感（PSE）、评论数量（CM）。

最后，对研究结果进行讨论，分析了企业微博信息传播影响因素产生的原因，为今后企业在运营微博过程中促进信息转发提供一定的理论支持。

第6章 结论

6.1 研究结论

　　随着网络与信息技术的发展，微博作为虚拟社区和社交媒体的一种方式，成为新时代的典型沟通媒介，也成为企业与潜在消费者沟通与连接的主要渠道。微博以其用户众多、信息短小精炼、传播迅速的特点，被很多企业用户所青睐。尤其是目前手机用户增长迅猛，微博信息便于用户通过手机不限时间、不限地点地浏览，这是微博的最大优点。国内外大量的文献致力于微博信息传播研究，研究微博信息传播中的用户特征、信息特征、病毒传播模式以及影响信息传播的因素，从不同的角度、不同的样本进行实证研究。本书综合大量的文献分析，总结了微博信息传播模式，以及各领域的微博信息传播影响因素。首先，提出了企业微博信息传播模式，明确了企业微博信息传播的主体和环节；其次，通过用社会网络分析的方法分析了转发用户关注网络，分析了企业微博信息传播途径及传播网络形态特征；最后，提出了以企业微博为信息源的信息传播影响因素模型，并进行实证研究。这些研究对今后企业如何利用微博发布信息和如何发展企业微博都有一定的指导和借鉴意义。

本书主要的研究结论如下：

（1）在微博研究的主题中，与信息传播和扩散相关的主题分支众多，微博信息传播已经成为研究人员重点课题之一。传统的文献研究，是通过阅读文献从内容上归纳整理，梳理出研究现状。本书首先利用Citespace Ⅱ软件聚类分析了微博研究的主题，并通过可视化图表的形式对目前微博研究主题分类，着重介绍了与微博信息传播相关的主题分支，然后结合传统的文献研究方法，梳理归纳了微博信息传播各方面的研究现状。这种方式更有利于对文献的梳理，为本书研究方向、采用研究方法提供了理论支持。

（2）提出了企业微博信息互动传播模式，指出了企业微博信息传播模式中守门人的作用，强调了企业微博与集团微博成员间的关系在信息传播中的作用，并以实例形式分析了企业集团微博成员间的关系及地位。

本书首先以信息传播一般模式及网络传播模式为基础，结合微博功能特点，抽象总结出企业微博信息互动传播模式，每一级传播都是裂变式。将微博信息传播主体分为信息发布者和守门人两种角色，并讨论了守门人的权力——转发、评论或忽略信息。在信息传播过程中体现了说服效应，强调了微博信息传播模式中意见领袖用户的作用，并在企业信息互动传播模式中强调了企业微博与集团微博用户之间的关系。然后以苏宁易购集团微博用户间关注关系为分析对象，分析了企业集团微博在信息传播过程中，成员的地位和权力，其中高管微博无论在发布信息还是传播信息环节中都具有重要的权力和地位。最后总结了企业微博信息互动传播模式的表现与价值。

（3）运用社会网络方法对企业微博信息传播的转发用户关注网络进行分析，得到企业微博信息传播的途径。

本书通过收集一条企业发布的微博的所有转发用户信息，整理出所有转发用户间的关注关系，利用 UCINET 6.0 软件对该关注网络矩阵形成可视化网络图，进行密度分析、成分分析及中心性分析。研究发现该转发用户关注网络是一个松散的网络，指出信息传播并不是在一个强关系的小网络中传播，企业信息获得关注并转发并不局限于一个围绕企业的强关系网络，更多是在发散的网络。成分分析指出了用户获取企业信息的途径：直接关注、非直接关注，并且非直接关注是获取企业微博信息的主要途径。另外发现企业微博信息传播过程中信息源到转发者的层次最多为3，由于企业微博信息的特性，信息传播最大直径为3，企业关注3层用户发展潜在客户，更有利于企业微博的信息传播。

（4）分析并实证了影响企业微博信息传播的因素为源吸引力、提到（@用户昵称）、话题、激励、积极情感和评论数量。

由于微博是一个信息开放平台，充分利用微博信息短小精炼、易于转发的特点有利于企业进行营销，众多企业都已经建立官方微博。本书从探讨影响企业微博信息传播的影响因素出发，结合 HSM 说服理论框架建立企业微博信息传播影响因素模型，实证发现无论是启发式还是系统式线索都影响消息的转发。启发式线索中的源吸引力正向影响信息转发，企业应扩大吸引力，做一些营销活动，吸引粉丝，进而促进信息的传播。在系统式线索中，信息中含话题标签正向影响信息转发，企业可以充分利用话题标签这一功能，每天设置合适的话题，使信息易于搜索并获得更多人的自愿参与，进而达到推广或营销等目的。激励是通过明确地提出转发要求并予以一定可能性的奖励促进某一消息的转发，用户参与积极性高，通过激励转发企业信息得以迅速扩散，扩散面广。另外，信息的积极（正向）情感对信息转发的影响是显著的，包含积极（正向）情感的信息更容易被转发，能够激起用户转发的热情，企业多发积极情感的信息能很大程度上促进转发。微博评论起到补充信息的作用，用户通过阅读评论产生再次评论并转发的意愿，评论越多，越促进转发。

6.2 研究创新点

（1）提出了企业微博信息互动传播模式，并将守门人的概念引入模式中，强调了企业微博处于集团微博社会关系中对信息传播的影响。

以往的微博信息传播模式研究都是以信息源、信息传播者、信息接受者为传播主体，本研究提出了信息传播环节中的新主体概念——守门人，即每个微博用户都是守门人，具有发布信息、评论信息、转发信息、忽略信息的权力，作为信息传播主体的操作影响微博信息的传播。企业微博信息传播模式中，企业是信息源，信息获得者作为守门人决定着信息的传播或某一分支的终止传播。本书还将信息发布主体企业微博所处的集团微博社会网络引入模式中，体现了集团微博社会网络对企业信息传播的影响。

（2）从企业微博信息传播用户之间的关系角度研究企业微博信息传播途径，揭示了非直接关注形式是获取企业微博信息并传播的主要途径，并发现了由信息源到转发者的传播层次最多为 3。

以往的研究从一个话题出发，以滚雪球的形式收集数据，进行社会网络分析，或者从社会网络的某一特性分析，如仅从中心性角度分析。本研究针对企业微博发布的一条信息的转发进行研究，对转发用户的关注网络密度、成分、点度中心性和中间中心性进行分析，探讨个体在社会网络中所处的位置及所扮演的角色。本研究对微博信息转发用户中的关系结构进行剖析，分析验证了用户获取信息的途径——直接关注和非直接关注，得到非直接关注的形式是获取企业信息的最重要途径的结论。研究指出了影响信息传播的两个因素——话题和源吸引力，强调了企业微博信息传播社会网络的意见领袖的作用，为企业今后扩大源吸引力、开展流行话题、培养意见领袖以促进信息传播提供了理论支持。本书发现在企业微博信息传播中，由信息源到转发者的层次最多为 3，由于企业微博信息的特性，信息传播最大直径为3，企业可以关注 3 层用户发展潜在客户，更有利于企业微博信息传播。

（3）构建了企业微博信息传播影响因素模型并通过实证研究的验证，揭示了影响企业微博信息传播的关键因素是源吸引力、含话题标签、激励、积极（正向）情感以及评论数量。

以往对微博信息传播的研究都是从某个话题出发，分析相关微博信息传播的途径及影响因素，或者是研究紧急事件下的信息传播、政治事件中的信息传播影响因素，一般运用内容分析、线性回归、算法分析等方法，很少涉及企业微博这一特定领域的信息传播影响因素分析。本研究以企业微博发布的信息为研究对象，研究在某时间段发布的微博信息，使用了说服理论 HSM 理论框架建立了影响企业微博信息传播的因素模型，提出研究假设，并运用计数模型进行假设检验和模型验证。本书采用了内容挖掘分析方法，分析了信息中包含的情感对信息传播的影响，而以前的研究只考虑用户的基本特征和内容。因此，这项研究从数据挖掘角度初步了解了微博信息的扩散。

6.3 实践意义

随着信息技术的发展、计算机网络的普及，越来越多的人通过网络获取信息，网络成为人们日常生活的一部分。到 2012 年 7 月，网民数就已经达到 5.38 亿，手机网民数达到 3.88 亿，占网民数的 72%，国内微博用户数达到 2.74 亿，51%的网民都是微博用户。据新浪微博最新公布数据：截止到 2012 年 12 月 31 日，新浪微博注册用户达 5.03 亿，日均活跃用户数为 4 620 万，75%的活跃用户通过移动端登录，平均每日发送量近 1.37 亿，全年微博使用总时长达 13.1 亿小时（仅次于百度、淘宝，排第三），微博达人数量超 500 万。微博的用户群成为企业发布信息、传播信息的很好的媒介。94%的企业已经注意到社会化媒体的应用，营销人员认为微博是市场营销的一个很好的工具，企业微博的作用日益得到重视：①作为企业信息发布的平台，企业微博能够增加企业品牌吸引力，树立企业形象；②企业通过微博形成的企业社会网络，有利于产品和服务的推广，促进企业与消费者之间的沟通；③企业充分利用微博意见领袖的两级传播，降低营销成本，有利于危机公关；④利用微博信息传播迅速和广泛的特点，促进企业招聘信息的传播，降低招聘成本。

虽然企业意识到了微博对于企业的意义，但是如何充分利用企业微博以及影响信息传播的因素还不明确。本研究提出的企业微博信息传播影响因素模型，验证了影响企业信息传播的因素，对企业微博发展有一定的指导作用。故根据研究结论，本书针对企业微博如何充分利用微博平台的优势、发挥企业微博的作用、促进企业品牌宣传等方面提出以下建议：

（1）通过增强企业吸引力，利用适当话题、提到（@用户昵称）、适当的激励、加强声誉等手段，促进企业微博的信息传播，更好地发挥企业微博的作用。

第一，企业吸引力正向影响信息的传播，企业应在企业文化规范下，加强品牌影响力，吸引更多的粉丝，即关注企业的微博用户。这些用户对该企业的品牌、信息感兴趣，是企业的目标受众，能够促进信息的传播。企业应在如何吸引粉丝方面进行研究，如通过在线上以及线下各种广告宣传和营销形式中加入告知用户关注企业微博，并通过一定的奖励活动激励用户关注。另外，话题不仅促进信息的传播，也能在信息传播过程中渗透企业吸引力，获得更多的用户关注。

第二，信息中是否具体提到（@用户昵称）对转发影响比较显著，故企业可以在发布信息的同时，通过提到（@用户昵称）的形式，不仅将信息发布给全部关注用户，也特别发布给某些与信息相关的具体用户。通过这一信息传播途径不仅增加了信息获得者，且增加了用户的社会临场感，容易引起具体用户的关注，获得快速的反馈信息，在一定程度上促进了信息的传播。通过分析本研究收集的样本发现，含提到（@用户昵称）的信息仅占 9.7%，说明目前企业并不是频繁地使用提到（@用户昵称）功能，故在今后的微博信息发布中，可以适当地使用这一功能，促进信息的传播。

第三，信息的数量中，信息中含话题标签正向影响信息转发，企业微博充分利用话题标签的优势，定期发起与企业相关的并有一定吸引力的话题，吸引用户的参与，增加信息的搜索率，促进企业信息的传播，进而达到推广或营销等目的。

第四，研究表明激励是促进企业信息传播的一个显著因素，企业可以发布微博信息，通过明确提出转发要求，承诺在转发用户中抽取一定名额给予奖励，这样激励用户转发并奖励的信息能吸引更多的用户参与企业微博信息的传播活动，促进企业信息传播。

第五，信息的积极（正向）情感对信息转发的影响是显著的，正向信息有利于信息的转发，企业应减少不含任何感情的中立信息，多发包含积极（正向）情感的信息，促进企业信息扩散。

第六，微博评论很大程度上起到补充信息的作用，使得信息的论据数量更充分，而且评论的数量在一定程度上能够体现信息被用户重视的程度，能吸引更多的用户关注该信息，用户通过阅读评论产生再次评论并转发的意愿，起到了促进转发的作用。企业发布信息，可以安排或吸引有一定声望和影响力的用户评论并转发信息，通过补充和评论信息，提高企业微博信息的论据数量，让更多的用户通过阅读评论产生再次评论并转发的意愿，从而促进企业微博信息的传播。

（2）发展微博集团，培养意见领袖，增强吸引力，扩大传播范围。

通过企业微博信息互动传播模式发现，企业通过集团或家族微博，形成庞大的直接或间接的粉丝群体，通过粉丝群体对企业产品或服务信息的评论转发，令信息通过微博形成的社会网络以呈几何级数增长的速度传播，有利于企业的产品或服务的推广。所以，企业应合理设置集团或家族微博，并提高各集团微博成员的影响力，使其配合企业微博在各种信息传播中起到促进作用。

微博意见领袖通常拥有众多粉丝，发布或转发的信息传播面很广。企业微博除了增强自身的吸引力、吸引关注者、成为意见领袖，也通过集团微博或家族微博分别吸引关注者，获得更多的关注。另外，通过一定的活动，获得微博中活跃的名人关注，转发企业发布的信息，能扩大企业营销信息传播的宽度和广度，使企业微博更易受到用户的信任，同时降低了营销成本，也有利于企业处理负面信息，为危机公关增加了新的途径。

企业微博与用户的互动，可以通过企业集团微博中的各职能微博分担，形成企业与消费者之间沟通的渠道，加强与粉丝的互动，并在这一过程中吸引更多的忠诚用户，提升企业品牌的知名度。所以，企业要合理设置集团微博中的成员，分配各微博的职能，更好地配合企业微博。

另外，企业微博信息传播中，信息源到转发者的层次最多为3，由于企业微博信息的特性，信息传播最大层级深度为3，企业可以注重关注3层用户发展潜在客户。

6.4 局限性分析与研究展望

6.4.1 局限性分析

由于时间及本人能力有限等原因，本研究仍然有很多的局限性。

首先，在企业微博信息传播影响因素的实证研究中，收集的样本尽管足以支持所得结果，但是企业样本类型依然有限。在未来的研究中，可以收集更多类型的企业微博以及在更长时间周期内更新的微博进行实证，进一步完善企业微博信息传播影响因素模型。

其次，在对企业微博发布的信息的转发用户关注网络分析中，针对的是某一案例，该案例具有一定的随机性，虽然足以反映本研究的一些问题及结论，但是缺乏一般性。未来的研究可以对多个不同类型的案例进行社会网络分析，对比分析结果，验证分析结论。

最后，本书在构建企业微博信息互动传播影响因素模型时，从信息源和信息两方面研究影响信息传播的因素，通过客观数据得到了验证，并没有从信息接收者角度研究主观影响因素。今后的研究可以结合信息接收者角度研究影响企业微博信息传播的因素，进行建模研究，以获得更加全面的验证效果。

6.4.2 研究展望

随着网络的迅猛发展，微博正在逐渐地改变人们传播信息的理念。微博手机客户端的出现，使得微博出现在生活的任何时刻、任何地方。电子商务也有了巨大的飞跃，人们对网络购物更加热衷，企业借助微博平台发布消息、进行营销，增进与用户的信息交流。本书研究了企业微博信息传播影响因素的模型及转发用户关注网络，未来还有更多的深入研究有待开展。

（1）进一步发展完善企业微博信息传播模式。

随着微博新功能的不断开发，企业微博的传播模式中可能出现新的元素。结合本书提出的企业微博信息互动传播模式，进一步完善该模式，可以对比多个企业集团微博用户关系，细化企业微博与集团微博用户之间的职能关系。

（2）进一步研究企业微博信息扩散网络，验证信息传播影响因素模型。

本书从一个例证出发，研究企业微博信息转发关注网络，进而研究信息传播的途径和特征，今后可以通过不同类型的信息传播网络进行对比分析，找出信息传播网络中的关键。

（3）配合微博的发展，进一步完善和拓展企业微博信息传播影响因素模型。

随着微博的发展，其功能不断加强和完善，新的特点会层出不穷，企业应将自身营销特点与微博切合，考察可能影响企业微博信息传播的因素，进行验证，完善现有模型。

其次，本书研究的影响因素模型侧重信息源和信息两个方面的因素，今后的研究可以从信息接收者主观角度研究影响企业微博信息传播的因素，结合调查问卷的方法进行实证也是今后要研究的内容。

（4）从新的角度进一步研究危机公关中企业微博信息传播的关键因素。

目前，网络迅猛发展，而相关的法律法规并不健全，微博信息传播速度快、范围广，不仅有利于企业营销信息的传播，也便于谣言的滋生。企业促进有利信息的传播，也要注意抑制负面信息的传播，研究危机公关中企业微博信息传播的关键因素也是十分有意义的。

主要参考文献

[1]边燕杰.找回强关系：中国的间接关系，网络桥梁和求职[J].国外社会学，1998(2)：50-65.

[2]蔡荻.微博空间中的舆论形成及社会影响——以"郭美美事件"为例[J].中国传媒科技，2011(12)：005.

[3]才书训，王雷震.网络商务信息的管理[M].沈阳：东北大学出版社，2004.

[4]曹明香.企业微博营销策略[J].现代企业，2011（2）：46-47.

[5]陈雅.企业微博客应用性写作研究[J].中共济南市委党校学报，2012（3）：41-44.

[6]方壮志.社会网研究的基本概念和方法[J].华中理工大学学报：社会科学版，1995（3）.

[7]官广宇.对社交网络信息传播模式与效果的思考——以人人网为例[J].媒体时代，2011（4）：22-25.

[8]郭庆光，传播学教程[M].北京：中国人民大学出版社，1999.

[9]侯金亮.微博传播的"双刃剑效应"[J].青年记者，2010（22）：63-64.

[10]黄朔.媒介融合视域中微博多级传播模式探究[J].东南传播,2010(6):99-101.

[11]纪珊珊.传播学视野下的微博研究[D].合肥:安徽大学,2011.

[12]匡文波.网络传播学概论[M].北京:高等教育出版社,2004.

[13]李开复.微博改变一切[M].上海:上海财经大学出版社,2011.

[14]梁静.销售互动中的说服效果[D].杭州:浙江大学,2010.

[15]凌守兴.基于六度分隔理论的企业微博营销模式研究[J].电子商务,2011(10):30-32.

[16]刘军.整体网分析讲义:UCINET软件实用指南[M].上海:上海人民出版社,2009:125-126.

[17]刘丽清.微博虽"微"足值道尔——微博特性之浅析[J].东南传播,2009(11):153-154.

[18]刘璐.企业外部网络对企业绩效影响研究[D].济南:山东大学,2009.

[19]刘宁.社会网络对企业管理人员职业生涯成功影响的实证研究[J].南开管理评论,2007,10(6):69-77.

[20]马向阳,徐富明,吴修良,等.说服效应的理论模型、影响因素与应对策略[J].心理科学进展,2012,20(5):735-744.

[21]马志远.电视广告中说服理论的运用[D].武汉:湖北工业大学,2009.

[22]孟庆兰.网络信息传播模式研究[J].图书馆学刊,2008(1):133-137.

[23]潘洁.企业微博营销价值分析[J].价值工程,2011,30(26):103-104.

[24]彭兰.网络传播概论[M].北京:中国人民大学出版社,2001.

[25]平亮,宗利永.基于社会网络中心性分析的微博信息传播研

究——以Sina微博为例[J].图书情报知识，2011（6）：92-97.

[26]乔金星.企业微博：品牌营销新工具[J].今传媒，2010（5）：14-16.

[27]邵培仁.传播模式论[J].杭州大学学报：哲学社会科学版，1996（2）：032.

[28]邵培仁.传播学[M].北京：高等教育出版社，2007.

[29]盛宇.基于微博的学科热点发现，追踪与分析[J].图书情报工作，2012，56（8）：32-37.

[30]施杨，李南.研发团队知识交流网络中心性对知识扩散影响及其实证研究[J].情报理论与实践，2010（4）：28-31.

[31]史亚光，袁毅.基于社交网络的信息传播模式探微[J].图书馆论坛，2009（6）：220-223.

[32]孙卫华，张庆永.微博客传播形态解析[J].传媒观察，2008（10）：51-52.

[33]田玉山，孙红梅.浅谈企业微博营销[J].中国商贸，2011（7）：44-45.

[34]王平，谢耘耕.突发公共事件中微博意见领袖的实证研究——以"温州动车事故"为例[J].现代传播：中国传媒大学学报，2012，34（3）：82-88.

[35]王伟，靖继鹏.公共危机信息传播的社会网络机制研究[J].情报科学，2007，25（7）：979-982.

[36]王晓光.微博客用户行为特征与关系特征实证分析——以"新浪微博"为例[J].图书情报工作，2010（14）：66-70.

[37]王中义.网络传播：原理与实践[M].合肥：中国科学技术大学出版社，2001.

[38]威诺.科学模式的作用[J].科学哲学，1951（12）：317-317.

[39]吴敏.基于微博的媒体营销研究[J].暨南大学，2010（5）.

[40]吴明，席宇斌.微博营销背景下的旅行社用户特征与运用——以新浪微博为例[J].中国对外贸易，2012（8）.

[41]吴小璐.微博时代的企业品牌营销策略[J].中国商贸，

2010 (29): 27.

[42]夏黎.基于"微博"的兴起谈有效进行企业服务营销[J].中国商贸, 2010 (12): 026.

[43]夏雨禾.微博互动的结构与机制——基于对新浪微博的实证研究[J].新闻与传播研究, 2010 (4): 60-69.

[44]谢新洲, 周锡生.网络传播理论与实践[M].北京: 北京大学出版社, 2004.

[45]辛庆香.企业微博营销的价值与策略研究[J].商场现代化, 2011 (20): 46-47.

[46]新浪微博.2012年新浪微博用户发展报告[EB/OL].[2012-10-02].http: //www.izhike.cn/subject/824842453.

[47]新浪微博.2012企业微博白皮书[EB/OL].[2012-03-17].http: //www.eguan.cn/download/zt.php? tid=105&rid=194.

[48]徐健, 汪旭晖, 李馨.企业微博价值维度及其对品牌忠诚的影响机制研究[J].营销科学学报, 2012, 8 (3): 107-109.

[49]殷俊, 孟育耀.微博的传播特性与发展趋势[J].今传媒, 2010 (4): 85-88.

[50]尹贞喜.微博的媒体营销研究[J].新闻传播, 2011 (3): 172-173.

[51]袁梦倩.论SNS新型社交网络的传播模式与功能——基于"校内网"的现象研究[J].今传媒, 2009 (4): 78-80.

[52]袁毅, 杨成明.微博客用户信息交流过程中形成的不同社会网络及其关系实证研究[J].图书情报工作, 2011, 55 (12): 31-35.

[53]苑卫国, 刘云, 程军军, 等.微博双向[J].物理学报, 62 (3): 38901.

[54]张态娴.企业微博营销SWOT分析及营销策略探究[J].现代营销, 2011 (10): 67-69.

[55]张晞.微博营销[J].企业管理, 2010 (11): 37.

[56]赵莉, 钱维多, 崔敬.互动传播的思维[M].北京: 中国轻工业出版社, 2007.

[57]郑亚琴，郭琪.微博营销对企业品牌传播的影响[J].吉林工商学院学报，2011（4）：27-31.

[58]中国互联网络信息中心（CNNIC）.第 30 次中国互联网发展状况统计报告[EB/OL].[2012-07-19].http：//www.cnnic.net.cn/research/bgxz/tjbg/201207/t20120719_32247.html.

[59]朱升.企业微博营销浅析[J].中外企业家，2011（12）：12.

[60]左晓娜.微博的传播机制及影响力研究[D].西安：陕西师范大学，2011.

[61]Abrol S, Khan L.Twinner: understanding news queries with geo-content using twitter: ACM 2010: proceedings of the 6th Workshop on Geographic Information Retrieval, Feburary 18-19, 2010[C].Switzerland: Zurich, c2010.

[62]Adamic L, Adar E, et al.How to search a social network[J].Social Networks, 2005, 27: 187-203.

[63]Ahuja G.The duality of collaboration: inducements and opportunities in the formation of interfirm linkages [J].Strategic management journal, 2000, 21 (3): 317-343.

[64]Antenos - Conforti E.Microblogging on twitter: social networking in intermediate Italian classes[J]. The next generation: Social networking and online collaboration in foreign language learning, 2009: 59-90.

[65]Bae Y, Lee H A sentiment analysis of audiences on twitter: who is the positive or negative audience of popular twitterers? [J].Convergence and Hybrid Information Technology, 2011: 732-739.

[66]Bakshy E, Hofman J, Mason W, et al.Everyone's an influencer: quantifying influence on twitter ACM 2011: proceedings of the fourth ACM international conference on Web search and data mining[C].New York: [s.n.], 2011.

[67]Wellman B, Berkowitz S.Social structures: a network approach[J].Communications Pelican Books Great Britain, 1988: 19-25.

[68]Barsade S.The ripple effect: emotional contagion and its influence on group behavior[J].Administrative Science Quarterly, 2002, 47 (4): 644-675.

[69]Baumer E, Leis A.Minimalists and zealots: genres of participation in following on twitter: CHI 2010 Workshop on Microblogging, April 10-15, 2010[C].Atlanta:[s.n.], 2010.

[70]Bermingham A, Smeaton A.Classifying sentiment in microblogs: is brevity an advantage? [J].Acm International Conference on Information & Knowledge Management, 2010: 1833-1836.

[71]Black J S.Opinion leaders: Is anyone following? [J].Public opinion quarterly, 1982, 46 (2): 169-176.

[72]Bollen J, Pepe A, Mao H.Modeling public mood and emotion: twitter sentiment and socio-economic phenomena:proceedings of the Fifth International AAAI Conference on Weblogs and Social Media[C]. California:AAAI Press, 2011.

[73]Boorman S, White H.Social structure from multiple networks.II.Role structures[J].American Journal of Sociology, 1976 (6): 1384-1446.

[74]Boyd D, Golder S, Lotan G.Tweet, tweet, retweet: conversational aspects of retweeting on twitter[J]. System Sciences (HICSS), 2010: 1-10.

[75]Brass D, Burkhardt M E.Potential power and power use: an investigation of structure and behavior[J]. Academy of Management Journal, 1993 (36): 441-470.

[76]Brown J, Reingen P.Social ties and word-of-

mouth referral behavior[J].The Journal of Consumer Research, 1987, 14 (3): 350-362.

[77]Burkhardt M, Brass D.Changing patterns or patterns of change: the effects of a change in technology on social network structure and power[J].Administrative Science Quarterly, 1990, 35 (1): 104-127.

[78]Burns A, Eltham B.Twitter free Iran: an evaluation of twitter's role in public diplomacy and information operations in Iran's 2009 election crisis[J].Communications Policy & Research Forum 2009, University of Technology, Sydney, 2009: 298-310.

[79]Burt R.The social structure of competition[J]. Eds, Networks and Organizations: Structure, Form, and Action, 1992.

[80]Petty J.Effects of message repetition on argument processing, recall, and persuasion[J].Basic & Applied Social Psychology, 2010, 10 (1): 3-12.

[81]Carley K, Kaufer D.Semantic connectivity: an approach for analyzing symbols in semantic networks [J].Communication Theory, 1993, 3 (3): 183-213.

[82]Cha M, Benevenuto F, Krishna P, et al.Measuring user influence in twitter: the million follower fallacy [J].Icwsm'10 Proceedings of International Aaai Conference on Weblogs & Social, 2010.

[83]Chae M, Kim J, Ryu H.Information quality for mobile internet services: a theoretical model with empirical validation[J].Electronic Markets, 2010, 12 (1): 38-46.

[84]Chaiken S, Liberman A, Eagly A, et al.Heuristic and systematic information processing within and beyond the persuasion context[J].In, 1989.

[85]Chaiken S.Heuristic versus systematic information processing and the use of source versus message cues in persuasion[J].Journal of Personality & Social Psychology, 1980, 39 (5): 752-766.

[86]Chatman E.Diffusion theory: a review and test of a conceptual model in information diffusion[J].Journal of the American Society for Information Science, 1986, 37 (6): 377-386.

[87]Chen C, Tseng Y.Quality evaluation of product reviews using an information quality framework[J]. Decision Support Systems, 2011, 50 (4): 755-768.

[88]Chen S, Chaiken K.Motivated heuristic and systematic processing[J].Psychological Inquiry An International Journal for the Advancement of Psychological Theory, 1999, 10 (1): 44-49.

[89]Cheong M, Lee S.A microblogging-based approach to terrorism informatics: exploration and chronicling civilian sentiment and response to terrorism events via Twitter[J].Information Systems Frontiers, 2011, 13 (1): 45-59.

[90]Cheong M, Lee V.Integrating web-based intelligence retrieval and decision-making from the twitter trends knowledge base[J]. In Proc.CIKM 2009 Co-Located Workshops: SWSM 2009, 2009: 1-8.

[91]Cheong M, Ray S.A literature review of recent microblogging developments technical report TR-2011-263 [J].Clayton School of Information Technology, Monash University, 2011.

[92]Cheung C, Lee M, Rabjohn N.The impact of electronic word-of-mouth: the adoption of online opinions in online customer communities[J].Internet Research, 1991, 18 (3): 229-247.

[93]Chu S, Kim Y.Determinants of consumer engagement in

electronic word‐of‐mouth （eWOM） in social networking sites [J].International Journal of Advertising, 2011, 30 (1): 47-75.

[94]Chung J, Trivedi V.The effect of friendly persuasion and gender on tax comliance behavior[J]. Journal of Business Ethics, 2003, 47 (2): 133-145.

[95]Cohen M, Damiani P, Durandeu S, et al.Sentiment analysis in microblogging: a practical implementation[J/OL]// XVII Congreso Argentino de Ciencias de la Computación.2011. http: //hdl.handle.net/10915/18642.

[96]Coleman J S.Social capital in the creation of human capital[C].American Journal of Sociology,1988: 95-120.

[97]DeSteno D, Wegener D, Petty R, et al.Discrete emotions and persuasion: the role of emotion‐induced expectancies [J].J Pers Soc Psychol, 2004, 86 (1): 43-56.

[98]Eagly A, Chaiken S.An attribution analysis of the effect of communicator characteristics on opinion change: the case of communicator attractiveness[J]. Journal of Personality & Social Psychology, 1975, 32 (1): 136-144.

[99]Eagly A, Chaiken S.The psychology of attitudes [M].Harcourt Brace Jovanovich College Publishers, 1993.

[100]Ebner M, Reinhardt W.Social networking in scientific conferences:twitter as tool for strengthen a scientific community: proceedings of the 1st International Workshop on Science[C]. Berlin:Springer,2009.

[101]Ebner M, Schiefner M.Microblogging-more than fun: proceedings of IADIS Mobile Learning Conference 2008[C]. Algrve:[s.n.], 2008: 155-159.

[102]Ediger D, Jiang K, Riedy J, et al.Massive social

network analysis: mining twitter for social good[J].Parallel Processing (ICPP), 2010: 583-593.

[103]Eisend M.Two-sided advertising: a meta-analysis [J].International Journal of Research in Marketing, 2006, 23 (2): 187-198.

[104]Ems L.Twitter use in Iranian, Moldovan and G-20 summit protests presents new challenges for governments [J].Proc.CHI 2010 Workshop on Microblogging,2010.

[105]Freeman L C.Centrality in social networks: conceptual clarifi cation[J].Social Networks, 1979, 1 (3): 215-239.

[106]Fujiki S, Yano H, Fukuda T, et al.Retweet reputation: a bias-free evaluation method for tweeted contents:Fifth International AAAI Conference on Weblogs and Social Media[C].California:AAAI Press, 2010.

[107]Galuba W, Aberer K, Chakraborty D, et al. Outtweeting the twitterers-predicting information cascades in microbloggings[J].3rd Workshop on Online Social Networks (WOSN 2010), 2010.

[108]Gao Q, Abel F, Houben G J , et al.A comparative study of users' microblogging behavior on sina weibo and twitter[J].User Modeling, Adaptation, and Personalization, 2012: 88-101.

[109]Gerend M, Cullen M.Effects of message framing and temporal context on college student drinking behavior[J].Journal of Experimental Social Psychology, 2008, 44 (4): 1167-1173.

[110]Granovetter M.The strength of weak ties[J]. American Journal of Sociology, 1973, 78: 105-130.

[111]Michelle G, Paul E, Chris O, et al.

Integration and dissemination of citizen reported and seismically derived earthquake information via social network technologies[J].Lecture Notes in Computer Science, 2010: 42-53.

[112]Hansen L K, Arvidsson A, Finn Aarup Nielsen, et al.Good friends, bad news‐affect and virality in twitter[J].Communications in Computer & Information Science, 2011: 34-43.

[113]Hoffman D, Novak T P.Marketing in hypermedia computer‐mediated environments: conceptual foundations [J].Journal of Marketing, 1996, 60 (3): 50-68.

[114]Honey C, Herring S.Beyond microblogging: conversation and collaboration via Twitter[J].System Sciences, 2009: 1-10.

[115]Horn C.Analysis and classification of twitter messages [J] Master's Thesis, Graz University of Technology, 2010.

[116]Lumsdaine A.Communication and persuasion [J].Audiovisual Communication Review, 1954, 2 (2): 135-142.

[117]Howes M J,Hokanson J E,Lowenstein D A.Induction of depressive affect after prolonged exposure to a mildly depressed individual[J].J Pers Soc Psychol, 1985, 49 (4): 1110-1113.

[118]Jun H, Iwaihara M.Realtime social sensing of support rate for microblogging[J].Lecture Notes in Computer Science, 2011.

[119]Huckfeldt R, Mendez J, Osborn T.Disagreement, ambivalence, and engagement: the political consequences of heterogeneous networks[J].Political Psychology, 2004, 25 (1): 65-95.

[120]Huffaker D.Dimensions of leadership and social influence in online communities[J].Human Communication Research, 2010, 36 (4): 593-617.

[121]Hughes A, Palen L.Twitter adoption and use in mass convergence and emergency events[J].International Journal of Emergency Management, 2010, 6 (3): 248-260.

[122]Hunt J M, Smith M F.The persuasive impact of two-sided selling appeals for An unknown brand name[J].Journal of the Academy of Marketing Science, 1987, 15 (1): 11-18.

[123]Java A, Song X, Tseng T.Why we twitter: an analysis of a microblogging community[J].Lecture Notes in Computer Science, 2009: 118-138.

[124]Joyce E, Kraut R.Predicting continued participation in newsgroups[J].Journal of Computer-mediated Communication, 2006, 11 (3): 723-747 (25).

[125]Jungherr A.Twitter in politics: lessons learned during the German Superwahljahr 2009[J].Proc.CHI 2010 Workshop on Microblogging, 2010.

[126]Kaufman D, Stasson M, Hart J.Are the tabloids always wrong or is that just what we think? Need for cognition and perceptions of articles in print media[J].Journal of Applied Social Psychology, 1999, 29 (9): 1984-2000.

[127]Kempe D, Kleinberg J, Eva T.Maximizing the spread of influence through a social network[EB/OL].[2014-08-01].http: //doi.acm.org/10.1145/956750.956769.

[128]Kessler S.Social media plays vital role in reconnecting japan quake victims with loved ones[EB/OL].[2014-09-02].http: //mashable.com/2011/03/14/internet-intact-japan/.

[129]Kim D, Jo Y, Moon I, et al.Analysis of twitter lists as a potential source for discovering latent characteristics of users[J].ACM CHI Workshop on Microblogging, 2010.

[130]Kim H, Rao A R, Lee A Y, et al.It's time to vote: the effect of matching message orientation and temporal frame on political persuasion[J].General Information, 2009, 35 (6): 877-889.

[131]Kirchler E, Hoelzl E, Wahl I.Enforced versus voluntary tax compliance: the "slippery slope" framework [J].Journal of Economic Psychology, 2008, 29: 210-225.

[132]Kireyev K, Palen L, Anderson K.Applications of topics models to analysis of disaster-related twitter data [J].NIPS Workshop on Applications for Topic Models: Text and Beyond, 2009.

[133]Krackhardt D.The strength of strong ties: the importance of philos in organizations[J].Networks & Organizations, 1992: 216-239.

[134]Krishnamurthy B.A measure of online social networks [J].Communication Systems and Networks and Workshops, 2009: 1-10.

[135]LaRose R.Communications media in the information society [M].Wadsworth Publ.Co, 1995.

[136]Lee C, Wu C, Chien T.BursT: a dynamic term weighting scheme for mining microblogging messages[J].Advances in Neural Networks - ISNN,2011: 548-557.

[137]Levitan L C, Visser P S.The impact of the social context on resistance to persuasion: effortful versus effortless responses to counter-attitudinal information[J].Journal of Experimental Social Psychology, 2008, 44 (3): 640-649.

[138]Levy D A,Nail P R.Contagion: a theoretical and empirical review and reconceptualization[J].Genet Soc Gen Psychol Monogr, 1993, 119 (2): 235-284.

[139]Li N, Chen G.Analysis of a location-based social network [J].Computational Science and Engineering, 2009: 263-270.

[140]Liben-Nowell D, Kleinberg J.Tracing information flow on a global scale using internet chainletter data[J].Proc National Academy of Sciences, 2008: 4633 - 4638.

[141]Lin Y, Tolentino L, Kelliher A.Tweeting globally, acting locally: booming and sustaining disability awareness through twitter[J].CHI 2010 Workshop on Microblogging, 2010.

[142]Liu Y,Shrum L J.What is interactivity and is it always such a good thing? Implications of definition, person, and situation for the influence of interactivity on advertising effectiveness[J].Journal of Advertising, 2013, 31 (4): 53-64.

[143]Liu Z, Liu L, Li H.Determinants of information retweeting in microblogging[J].Internet Research, 2012, volume 22 (4): 443-466 (24) .

[144]Lotan G, Graeff E, Ananny M, et al.The revolutions were tweeted: information flows during the 2011 Tunisian and Egyptian revolutions[J].International Journal of Communication, 2011, 5 (5): 1375-1405.

[145]Lyttle J.The effectiveness of humor in persuasion: the case of business ethics training[J].Journal of General Psychology, 2010, 128 (2): 206-216.

[146]Maddux J E, Rogers R W.Effects of source expertness, physical attractiveness, and supporting arguments on persuasion: a case of brains over beauty[J].Journal of Personality & Social Psychology, 1980, 39 (2): 235-244.

[147]Mendoza M, Poblete B, Castillo C.Twitter under crisis: can we trust what we RT? [J].Proc.1st Workshop on Social Media Analytics (SOMA'10), 2010.

[148]Meyerowitz B E, Chaiken S.The effect of message framing on breast self-examination attitudes, intentions, and behavior[J].J Pers Soc Psychol, 1987, 52 (3): 500-510.

[149]Miles I.When mediation is the message: how suppliers envisage new markets[J].Contexts of Computer-Mediated Communication, 1992: 145-167.

[150]Teng-Sheng M, Murmann A J.Can you judge a man by his friends? Enhancing spammer detection on the twitter microblogging platform using friends and followers[J].Information Systems, Technology and Management, 2010: 210-220.

[151]Morris M R, Teevan J, Panovich K.What do people ask their social networks, and why—a survey study of status message q&a behavior[J].ACM,2010:1739-1748.

[152]Müller J, Stocker A.Enterprise microblogging for advanced knowledge sharing: the references@BT case study[J]. Journal of Universal Computerence, 2011, 17 (4): 532-547.

[153]Mustafaraj E, Metaxas P T.From obscurity to prominence in minutes: political speech and real-time search[C].In Proc.Web Science: Extending the Frontiers of Society On-Line (WebSci) ,2010.

[154]Naone E.A Brief history of microblogging[J]. Technology Review, 2008, 111 (5): 26.

[155]Patzer G L.Source credibility as a function of communicator physical attractiveness[J].General Information, 1983, 11 (83): 229-241.

[156]Pavlik J V.New media technology: cultural and commercial perspectives [M].Needham Heights, MA: Allyn and Bacon, 1996.

[157]Pechmann C, Esteban G.Persuasion processes associated with direct comparative and noncomparative advertising and implications for advertising effectiveness[J].Journal of Consumer Psychology, 1993, 2 (8): 403-432.

[158]Petty R E, Cacioppo J T.Communication and persuasion: central and peripheral routes to attitude change [J].American Journal of Psychology, 1986.

[159]Petty R E, Cacioppo J T.Issue involvement can increase or decrease persuasion by enhancing message-relevant cognitive responses[J].Journal of Personality and Social Psychology, 1979, 37 (10): 1915-1926.

[160]Pierro A, Mannetti L, Kruglanski A, et al.Relevance override: on the reduced impact of "cues" under high-motivation conditions of persuasion studies[J].Journal of Personality and Social Psychology, 2004, 86 (2): 251.

[161]Qu Y, Huang C, Zhang P, et al.Microblogging after a major disaster in China: a case study of the 2010 Yushu earthquake[C].New York:ACM,2011: 25-34.

[162]Rafaeli S.Interactivity: from new media to communication[J].Advancing Communication Science: Merging Mass and Interpersonal Processes, 1988, 16: 110-134.

[163]Riemer K, Richter A, Bohringer M.Enterprise microblogging[J].Business & Information Systems Engineering, 2010, 2 (6): 391-394.

[164]Riemer K.Enterprise microblogging: procrastination or productive use? [J].Amcis Proceedings, 2010.

[165]Rogers E M.Diffusion of innovations[M].5th ed.Free Press, 2003

[166]Rothman A J, Salovey P, Antone C, et al.The influence of message framing on intentions to perform health

behaviors[J].Journal of Experimental Social Psychology, 1993, 29 (5): 408–433.

[167]Sakaki T, Okazaki M, Matsuo Y.Earthquake shakes twitter users: real-time event detection by social sensors[J]. Proc.WWW, 2010: 851 – 860

[168]Schwarz N, Clore G L.Feelings and phenomenal experiences[J].Social Psychology: Handbook of Basic Principles, 1996, 2: 385–400.

[169]Sengupta J, Goodstein R C, Boninger D S.All cues are not created equal: obtaining attitude persistence under low-Involvement conditions[J].Journal of Consumer Research, 1997, 23 (4): 351–61.

[170]Sinclair R C, Moore S E, Mark M, et al.Incidental moods, source likeability, and persuasion: liking motivates message elaboration in happy people[J].Cognition & Emotion, 2010, 24 (6): 940–961.

[171]Slater M D, Rouner D.How message evaluation and source attributes may influence credibility assessment and belief change[J].Journalism & Mass Communication Quarterly, 1996, 73 (4): 974–991.

[172]Smith S M, Petty R E.Message framing and persuasion: a message processing analysis[J].Personality & Social Psychology Bulletin, 1996, 22 (3): 257–268.

[173]Starbird K, Palen L.Pass it on? Retweeting in mass emergency[M].International Community on Information Systems for Crisis Response and Management, 2010.

[174]Stepanyan K, Borau K, Ullrich C.A social network analysis perspective on student interaction within the twitter microblogging environment[J].Advanced Learning Technologies (ICALT), 2010: 70–72.

[175]Sternthal B, Dholakia R, Leavitt C, et al.The persuasive effect of source credibility: tests of cognitive response[J].Journal of Consumer Research, 1978, (4): 252—260.

[176]Stieglitz S, Dang-Xuan L.Political communication and influence through microblogging—an empirical analysis of sentiment in twitter messages and retweet behavior[J].System Science (HICSS), 2012: 3500–3509.

[177]Stieglitz S, Dang X.The role of sentiment in information propagation on twitter-an empirical analysis of affective dimensions in political tweets[J].ACIS 2011 Proceedings,2011: 38.

[178]Suh B, Hong L, Pirolli P, et al.Want to be retweeted? Large scale analytics on factors impacting retweet in twitter network[J].Social Computing (SocialCom), 2010: 177–184.

[179]Tichy N M, Fombrun C.Social network analysis for organizations[J].Academy of Management Review, 1979, 4: 507–519.

[180]Todorov A, Chaiken S, Henderson M.The heuristic-systematic model of social information processing[J].The Persuasion Handbook: Developments in Theory and Practice, 2002: 195–211.

[181]Toncar M, Munch J.Consumer responses to tropes in print advertising[J].Journal of Advertising, 2001, 30 (1): 55–65.

[182]Tumasjan A, Sprenger T O, Sandner P G, et al.Election forecasts with twitter—how 140 characters reflect the political landscape[J].Social Science Electronic Publishing, 2011, 29 (4): 402–418.

[183]V'azquez A, Oliveira J, Dezs"o Z, et al. "Modeling bursts and heavy tails in human dynamics[J].Phys Rev E,

2006, 73: 127.

[184]Kleef G A,Drev C K,Manstead A S.The interpersonal effects of anger and happiness in negotiations[J].J Pers Soc Psychol, 2004, 86 (1): 57–76.

[185]Van D.How far does a tweet travel? Information brokers in the twitterverse[J].ACM, 2010: 6.

[186]Vieweg S, Hughes A L, Starbird K, et al. Microblogging during two natural hazards events: what twitter may contribute to situational awareness[J].ACM, 2010: 1079–1088.

[187]Vieweg S, Starbird K.Microblogging in mass emergency [J].Proc.CHI 2010 Workshop on Microblogging, 2010.

[188]PS V, RR M.Attitudes in the social context: the impact of social network composition on individual - level attitude strength[J].Journal of Personality & Social Psychology, 2005, 87 (6): 779–795.

[189]Wasserman S, Faust K.Social network analysis: methods and applications [M].Cambridge University Press, 1994.

[190]Watts D J, Dodds P S.Influentials, networks, and public opinion formation[J].Journal of Consumer Research,2007, 34: 441–458.

[191] Wiener J L, Goolsby J R.Personal communication in marketing: an examination of self-interest contingency relationships [J].Journal of Marketing Research, 1990, 27 (2): 227–231.

[192]Wu F, Huberman B A, Adamic L A, et al.Information flow in social groups[J].Physica A Statistical Mechanics & Its Applications, 2004, 337 (1): 327–335.

[193]Wu Y, Ren F.Learning sentimental influence in twitter [J].Future Computer Sciences and Application (ICFCSA), 2011: 119–122.

[194]Yang J, Counts S.Predicting the speed, scale, and range of information diffusion in twitter[J].Proc.ICWSM, 2010.

[195]Yardi S, Romero D, Schoenebeck G, et al.Detecting spam in a twitter network[J].First Monday, 2010, 15 (1): 1-13.

[196]Zack M H.Interactivity and communication mode choice in ongoing management groups[C].Information Systems Research,1993: 207-239.

[197]Zaman T R, Herbrich R, Van J, et al.Predicting information spreading in twitter[J].Workshop on Computational Social Science and the Wisdom of Crowds, NIPS,2010, 104 (45): 599-601.

[198]Zhang L, Jia Y, Zhou B, et al.Microblogging sentiment analysis using emotional vector[J].Cloud and Green Computing (CGC), 2012: 430-433.

[199]Zhang W, Watts S A.Capitalizing on content: information adoption in two online communities[J].Journal of the Association for Information Systems, 2008, 9 (2): 73-94.

索引

后记

时间转瞬即逝，如今我已博士毕业两年了。想起 2007 年在孩子未满一周岁时，努力奋进的我，为了和孩子一起成长，努力考上博士，认真工作，正在信心满满时，2008 年的一场病痛，让我在博士的学习生涯中停住了脚步。在众多人的帮助下，我辗转就医，心里的念头却是"孤独求学，寂寞求医"，终于在 2010 年中期，病好了起来，我重新振作精神，在科研路上拼搏。这六年来，我在迷茫中徘徊，直到看到曙光，找到方向，我知道我的成长有多么不易，每一步每一个脚印都凝结了太多人的关怀和帮助，我要感谢所有帮助过我的人，请允许我在此传递我的感激之情。

首先我要感谢的是我的导师姜继忱教授。姜老师是我本科时期的启蒙老师、硕士与博士阶段的导师，这十多年来，他一直用他渊博的知识、严谨的治学态度、淡泊名利的学者风度陶冶着我、教育着我，对我的工作、学习和生活倾注了大量的心血，从博士专业课的教授，到我生病期间的鼓励，使我从懈怠中振奋。如今，六年过去，论文完成，姜老师在我论文方向的选定、框架的推敲，到论文的撰写与修改倾注了大量的汗水与心血。感谢姜老师对我的关心和指导，我所取得的每一点成绩都与姜老师息息相关。同时我也要感谢我的师母苟小芳老师对我和我的

156　企业微博信息互动传播模式、途径与影响因素研究

孩子的关心和照顾，让我感受到了家人般的温暖。

我要感谢管理科学与工程学院的各位领导和老师。在我攻读博士期间，学院的马永胜书记、赵枫教授、刘畅教授给我创造了宽松的工作和学习环境，并给予我写作上的指导。感谢田青教授、苏惠香教授、谢兰云副教授、卢永艳讲师、尹征杰讲师、李晓冰讲师、田丹讲师、王文娟讲师等给我的指导和鼓励，感谢学院全体老师对我多年来的关心和爱护。

我要感谢我所在的科研培育团队的队员们，徐健副教授、刘子龙副教授、朱志国副教授、丁学君、苗蕊、陶永明都给予了我帮助和鼓励，尤其感谢刘子龙副教授和徐健副教授对我的写作方法和论文修改作出的建议和指导。

我要感谢隋丽萍副教授、王晓晶、李楠、寇琳琳、王谢宁、高明、张春华、肖文峰等同门师兄弟和师姐妹们，他们与我一起进行学术交流，分享科研心得，同时在我写作过程中给予支持和鼓励。

我要感谢参加论文预答辩和评审工作的专家和老师们，你们对本书的批评与意见以及从中体现出的严谨与睿智，使我的论文日臻完善。同时也要感谢在百忙之中抽出时间参加我博士论文答辩的各位评委老师。

我要感谢数量经济系的霍红老师，在我进行数据分析过程中提出了具体的指导，解决了我数学分析中遇到的难题。

最后，我要感谢的是我的爸爸、妈妈、婆婆、先生和孩子，还有我大学602寝室的姐妹们。在我工作和读博期间，我的父母和婆婆帮我照顾家庭，承担了很多家务，你们辛苦了，在此致以最诚挚的谢意。我也要感谢我的丈夫曹志勇先生，他在我写作过程中给予我很多技术上的支持与帮助，替我承担了大部分的家务。我更要感谢我的宝宝曹殊玮小朋友，在我遇到难题时，总是宽慰我，询问妈妈是否不开心，让妈妈笑一笑，在妈妈发了脾气后，还义无反顾地扑进妈妈的怀里。我特别要感谢我的姐妹纪玉晶、张立春、陈芳、李慧颖、范月、黄玉清、张晓明在我生病期间给我的关心照顾，陪我到北京看病，鼓励、陪伴我，她们都是我一生的好姐妹。要感谢的人太多太多，我的心中满是愧疚，你们却总是默默的支持，毫无怨言，谢谢你们无微不至的关怀与鼓励，给予我工

作和求学的力量。谢谢你们无所求的理解与付出，感谢你们给我的快乐与支持，你们永远在我心中最温暖的地方！

　　六年的时光如白驹过隙，有这么多人关心和支持着我，所以我是幸福快乐的。博士生生涯的完结是我人生的一个新的起点，我将鼓起勇气，面对新一轮的工作和学习，用勇敢和善良，用勤奋和努力面对我将来的生活，争取对家庭、对朋友，对一切关心我爱护我和需要我关心爱护的人承担起更多、更大的责任。

郭晓姝
2015 年 4 月于师学斋